経済学部非常勤講師最終講義

日本の進む道

橋本　強司

目次

第Ⅱ部　日本の進む道

はじめに

私は２００１年から２０１６年までの16年間、学習院大学経済学部の非常勤講師を務めさせていただきました。私は日本の大学で経済学部を出たという意味での経済の専門家ではありませんし、大学での教職にも縁がありません。その私が、なぜ立派な大学のそれも経済学部の非常勤講師を務めることになったのか、それは同大学の川嶋辰彦先生のご厚意によります。川嶋先生と私は、40年ほど前にオーストリアの国際研究所で一緒でした。

その16年間の経験に基づいて、学習院大学での最終講義という形で執筆したのが本書です。本書の内容は、ほぼすべて学習院大学で話したことです。非常勤講師として一年間にわずか二コマ講義をしただけですから、とても一冊の本の分量にはならないはずです。毎年少しずつ違うことを話した内容をすべて含め、多少とも説明を丁寧にしたことによって、本書の第I部「経済発展と技術革新」が出来上がりました。したがってこの部分は、２０１６年に結果として最後になった講義というよりは、実現しなかった最後の講義です。

第II部「日本の進む道」の内容は、学習院の講義でも散発的に述べたことを含んでいますが、法政大学や開発援助にかかる業界のセミナー等で話したこと、および業界誌である「国際開発ジャーナル」に執筆したことも反映しています。開発コンサルタントとして日々業務に携わりつつ、その経験を学習院大学での講義に反映してきましたので、本書は私の開発コンサルタントとしての総括といってもよいと思います。少し大げさにいうならば、本書に込められている私の思想は、私の人生の集大成です。

大学の学生への講義という形で執筆していますから、表現は極力わかり易く、と心掛けました。実際の講義では、私は大体早口でときとして聞きなれない用語を十分な説明もせずに使っています。講義の度に、どれくらい学生に理解してもらったか不安になりました。初期のころは講義の度に落ち込んで、もう今年限りにしようと思ったものです。しかし学生のレポートを見ると、案外理解してもらっていたのだと気がつき、思い直して続けて16年になったといってよいでしょう。

私は開発コンサルタントとして、37年間にわたって開発途上国に対する技術協力に携わってきました。「経済発展と技術革新」という主題は、途上国にはあまり関係がないように思われる方が多いと思います。技術革新は先進国の、それも研究開発の最先端で起きるものというのが、世間の常識かもしれません。私自身も、はじめはそのような意識を持っていました。

ところが勉強しつつ、また開発コンサルティングの業務のなかで模索しつつ講義を続けるうちに、私の認識は変化してきました。その間の事情は第1章に述べますが、現在では技術革新が途上国に無縁どころか、途上国に対する技術協力には必然的に技術革新が伴うと考えるようになっています。さらに途上国と先進国の共同による研究開発が、持続可能な経済発展のための技術革新を生み、人類を救うのではないかと考えるに至っています。

大層なことをいってしまいましたが、このことに疑問を感じられたならばぜひ本文のなかに込めた私の答えを読み取っていただきたいと思います。その骨子をお伝えするために、以下に本書の内容構成を説明します。

世界的な経済低迷のなかで、技術革新は持続的経済発展のための最後の拠り所と認識されるようになっています。一方では、現在ある仕事のうち大半は今世紀半ばまでにはコンピューターによって取って代わられるとの予想もあります。いずれの見解も、技術革新を先進国において経済発展の先端で起きる事象と、暗黙の裡に仮定しています。このような固定観念を打破するのが第1章の意図です。技術革新は経済発展の先端で起きる「非人間的」な現象ではなく、また先進国による途上国への技術協力は、必然的に技術革新を伴うということです。

第2章では、本質に立ち返って技術とは何か、経済発展とは何かを問いかけます。学生たちに対してはさまざまな定義を示して考えるきっかけを与えるのが目的ですが、他の方々にとっても「頭の体操」にはなるでしょう。技術革新に関して最近注目を集めているシュンペーター の議論に即して、「文化・社会を離れて技術革新はない」という私の「発見」をお伝えします。

第3章では、開発コンサルタントとして私が長年携わっている技術協力の意味と必要性について論じます。安倍政権が打ち出している「積極的平和主義」の危険性について論じ、本当の積極的平和に貢献するための技術協力の方向性を提示します。第4章は、川勝平太氏の文明論を下敷きにして、人を不幸にする力の文明ではなく、美の文明に貢献するために人にやさしい環境にやさしい技術革新を主導するのが日本の役割だとする、短いけれど重要な章です。

第5章では、日本が主導すべき今後の開発モデルとして「代替社会経済」を提示し、第6章ではそれを実現する具体的方法として、産業クラスター振興を提案します。この二つの章は、この数年私が技術協力で実践してきたことに基づいて、私が最も強調したいことを示していま す。E・シューマッハーの「スモールイズビューティフル」やM・ポーター教授の産業クラス ター論を下敷きにしていますが、私独自の提案と自負するところです。以上が第I部「経済発展と技術革新」です。

以上を踏まえて、今後日本がどこに向かうべきかについて、私の考えを提示するのが第II部「日本の進む道」です。第7章では、最近の国際情勢に即して新しい世界秩序を展望し、不確実性の増大のなかで垣間見える一貫した趨勢や条件を論じています。そして新しい世界秩序を展望するうえで「理念と情報力がカギ」であると示唆します。

第8章では、新しい世界秩序に向けて日本が果たすべき主体的役割を具体的に論じています。日本による影響力の源泉は質と技術にあるとし、特に美の文明に貢献する技術革新において日本に優位性があるのは、日本人のすぐれた自然観・宇宙観によることを明らかにします。一方その役割を果たし続けるためには、感性を磨くことが不可欠であり、また開発協力が一つの方法であると論じます。

さてその私の専門分野である開発協力の在り方について論じるのが、一番長い第9章です。日本の政府開発援助(ODA)の理念を提示し、積極的平和主義ではなく本当の積極的平和に貢献することが、日本の開発協力の役割と論じます。さらにこれからの日本のODAの課題および開発コンサルタントの役割を、具体的に提案します。

最後の第10章では、新しい世界秩序にかかる本質的条件について論じ、日本の開発協力の方向性を明らかにし、反テロ戦争に参加する「普通の国」になるのではなく、人にやさしく生活を豊かにする「美の文明」に貢献する技術革新・技術協力に日本の進む道があることを確認します。

第Ⅰ部「経済発展と技術革新」は学習院大学での講義にかなり忠実に即していますので、多くの方々にとっては理屈が勝っておりまだるっこいかもしれません。第Ⅱ部「日本の進む道」の主題にひかれる方々には、こちらを先に読んでいただいてもよいと思います。そのために第Ⅱ部のはじめに、第Ⅰ部を俯瞰したまとめを入れました。

最後の第10章に、新しい世界秩序を展望する方向性およびその確立に向けて日本が果たすべき役割について、私の考えを示しています。この章だけでも完結するように書いているつもりですが、私の考えや提案の根拠を確かめるために、第Ⅰ部および第Ⅱ部の他の章を読んでいただければ幸いです。本書が「日本の進む道」について議論をする一つの小さなきっかけを与えることができることを、心より願っています。

第Ⅰ部

経済発展と技術革新

第1章

技術革新について考えてみよう

1-1　本講義を担当することになったわけ

私自身のこと

株式会社レックス・インターナショナルという社員30名ほどのささやかな開発コンサルティングの会社の代表をしております橋本です。私はレックス社を1995年6月に設立し、2015年度にようやく当初からの目標だった年間売上げ10億円を達成しました。開発コンサルティングといっても、なじみのある方はあまりいないと思いますが、簡単にいうと開発途上国の開発を支援する仕事、つまり開発協力です。

開発協力にもいろいろありますが、私自身は主として、日本政府による政府開発援助（ODA）の一環として、独立行政法人国際協力機構（JICA）の技術協力に携わってきています。私はダムや道路・橋梁等の施設（インフラストラクチュア）の設計や建設監理には携わりません。

ODA案件となるプロジェクト等の形成、計画および評価・管理、さらに開発計画作りやパイロットプロジェクトの実施を通じて、相手国側政府機関およびその職員の能力向上を図るのが主たる業務です。

ODAにかかる開発コンサルタントの仕事の場は、事実上すべて開発途上国です。赴任は別として、海外出張は年間8か月以上に及ぶこともあります。私の場合、4か国に計11回合わせて250日出張した年がありましたが、この年は出張と出張との間に日本で過ごしたのが平均で10日間でした。このような生活を何年にもわたって続けるのですから、開発コンサルタント本人はいうに及ばず、家族の方も大変だと思います。建設現場にかかる仕事のことを、「きつい、汚い、危険」の3Kと呼ぶことが一時はやっていましたが、開発コンサルタントの場合は「家庭崩壊」が加わって4Kという冗談がありました。

私の場合、日本の大学を出たのち7年半の海外生活から帰国して開発コンサルタントとなってから、38年間で一昨年初めて年間出張日数が100日を下回りました。大学を出てアメリカに留学し、その後のオーストリアの研究所での勤務を含む海外生活の期間を入れると、一昨年まで45年間で日本に一番長く継続的にいたのが5か月、それも一回あっただけです。

川嶋先生とIIASAのこと

２０００年のいつごろでしたかよく覚えていませんが、川嶋辰彦大先生から連絡があり依頼を受けて、２００１年より本講義を担当するようになりました。経済学特殊講義「技術革新と経済発展」のなかで、開発途上国の文脈で技術革新を論じるのが私の役割と理解して、「開発途上国における技術革新の意味と役割」というタイトルをつけました。当初は一年間に一コマでしたが、そのうち二コマを担当するようになりました。

川嶋先生とは、オーストリアのウィーン郊外にある国際応用システム分析研究所（International Institute for Applied Systems Analysis; IIASA）で2年間ご一緒させていただきました。略称でＩＩＡＳＡ＝イアサと呼んでいます。研究所の施設はマリア・テレサの夏の別邸であったラクセンブルク宮殿を改修して利用しています。周辺にはちょっとした森もあり、そのなかにテニスコート等があって、大変恵まれた環境です。

だいぶムカシですが『成長の限界』という本が世界的に話題となりました。これは世界的なシンクタンクであるローマ・クラブが、マサチューセッツ工科大学のデニス・メドウズ教授を主査とする国際チームに委託した研究を基にしています。資源と地球の有限性をふまえて、経済成長の限界をシステムダイナミクスの手法を使用して分析したものです（ドネラ・Ｈ・メドウズ『成長の限界――ローマ・クラブ人類の危機レポート』ダイヤモンド社、1972年)。

この流れに沿って世界の英知を結集して地球規模の問題、環境やエネルギー等の普遍的問題、都市問題等の世界共通の課題等を研究するために、1972年に設立されたのがIIASAです。当時冷戦時代において自由主義圏および社会主義圏の国々が、各国を代表する研究者機関をメンバーとして設立され、その後メンバー国機関を拡大して運営されてきています。多くの国では学術会議のような組織が母体となっていますが、日本の場合は学識経験者によりIIASA日本委員会が創設されてメンバーとなっています。メンバー国機関がそれぞれの政府からは独立しているのが特徴です。

研究所にはノーベル賞クラスの錚々たる国際的研究者を含めて、各国を代表する優秀な研究者が揃っていました。さらに定期的に著名な研究者を招いてセミナー等が行われました。私がいた当時、イギリス生まれでアメリカでも活躍した著名な経済学者であるケネス・E・ボールディング教授が来られセミナーをしたことがありました。

私はまだ開発問題などということを意識的に考えることもなかった学生時代に、ボールディング教授の最も有名な著書である『二十世紀の意味――偉大なる転換』(岩波新書、1967年)を読みました。教授のセミナーのあと、研究所から帰るバスに同乗した際、生涯唯一の機会と思って勇気を出して教授の隣に座り、親しく話をしました。『二十世紀の意味』を読んでちょうど10年でした。

そのような立派な機関になぜ、当時29歳の私のような若輩者がいたのか、不思議に思われるでしょう。私は東京大学の建築学科を卒業後、南カリフォルニア大学で環境工学の修士を取り、コーネル大学に移って学位を目指しました。専門を何度も変えたこともあって、学位を取るうえではかなり苦戦をしました。私が指導を受けたD・P・ラウクス教授は全米で名だたる厳しい先生で、学位論文を2度書き換えましたが、結局私は仕上げ切らずにIIASAに就職することになりました。しかしIIASAに就職するきっかけを作ってもらったので、文句はいえません。学位はIIASAにいる間に取りました。

とにかくそこで川嶋先生に出会ったというわけです。当時研究所には、川嶋先生の他にも数名の優秀な日本人研究者がおり、日本人仲間にとって全盛時代だったといってよいと思います。そのなかでこの研究所では、川嶋先生と私は人気を二分していたといってもよいでしょう。川嶋先生は、ご存じの通りちょっとヘンな人です。私もヘンであることでは人後に落ちません。ちょっとヘンな人というか、よくいうと個性的な人は国際社会で人気者になるのです。

ＩＩＡＳＡでの生活とスキーツアー

研究所での二年間余りは、私にとって非常に充実した日々でした。地域水資源管理の研究でアメリカやスウェーデンの研究者と協力し、事例の対象地域を訪問し国際会議に出て議論したのは、もちろん得難い経験でした。そこで私はPh.D.論文を仕上げ、２本の研究論文として発表し、さらに別の研究で１本の研究論文と数本のワーキングペーパーを発表しました。

仕事は文句なく楽しかったのですが、それ以上に日常生活を楽しみました。毎日のようにテニスをし、週末にはアメリカ人を中心とする仲間と野球をし、そのままパーティーに参加する生活でした。川嶋先生は野球やテニスには参加されませんでしたが、そのあとの飲み会にはときどき参加されていました。冬になると研究所のスキーツアーが企画され、金曜日の仕事のあと、夕方、研究所の前からスキーバスが出ました。川嶋教授ご一家も一緒だったことがあります。

スキーツアーで川嶋教授ご一家とご一緒したのは１９７９年末だったと思います。それから10年後の１９８９年、川嶋先生の長女紀子様の皇太子殿下の弟君との婚約内定が報道されたわけです。そこでスキーツアーで撮った写真のなかに川嶋教授一家、特に紀子様が写っているのがないかと探したのですが、残念ながらありませんでした。

ともあれ、そのようなご縁で本講義を担当させていただくことになったわけです。はじめのころは、拙い講義をしたあと落ち込んで、もう今年限りにしようと何度か思いました。しかし学生さんのレポートを読むと、私の考えが案外伝わっていたのだと感じられ、気を取り直して講義を続け、16年になったわけです。

1-2 技術協力、技術革新についての私の考えの変化

技術革新についてのかつての考え

さて、川嶋先生から本講義について依頼を受けたとき、正直にいって私は少し違和感を持ちました。技術革新というと先進国の事象であり、開発途上国ではあまり関係ない、と当時は感じていたからだと思います。しかし勉強をしつつ講義を重ねるうち次第に、技術革新は先進国および途上国にとって、またこれからの人類の生存にとって不可欠と考えるようになりました。その辺の私の認識の変化について、まずお話ししましょう。

途上国と先進国の間には経済格差があるので、格差是正のために開発協力が必要である、と

図1-1　「先進国での技術革新が途上国に移転される」という考え方

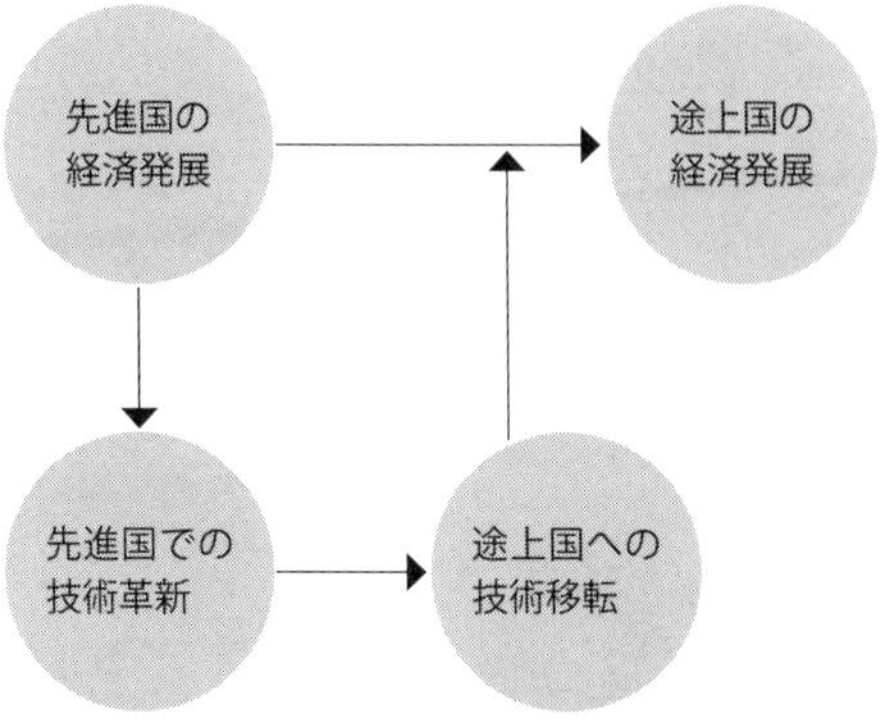

いうのが私のもともとの考えです。そして開発協力のなかでも、技術協力が要となると考えていました。先進国による途上国への技術移転によって途上国の経済発展が実現する。その間先進国では、さらなる技術革新が起きて先進国の経済発展が進展する。結果として格差は残り、その是正のため途上国へのさらなる技術移転が必要になる。このような過程が途上国・先進国を合わせた継続的な発展につながる。このように考えていました。

このように考えると、技術革新はいつも先進国で起きるということになります。そして先進国から途上国への技術協力は、技術移転という一方通行になる理屈です（図1-1）。

図1-2　「先進国の技術協力を通じて技術革新が起きる」という考え方

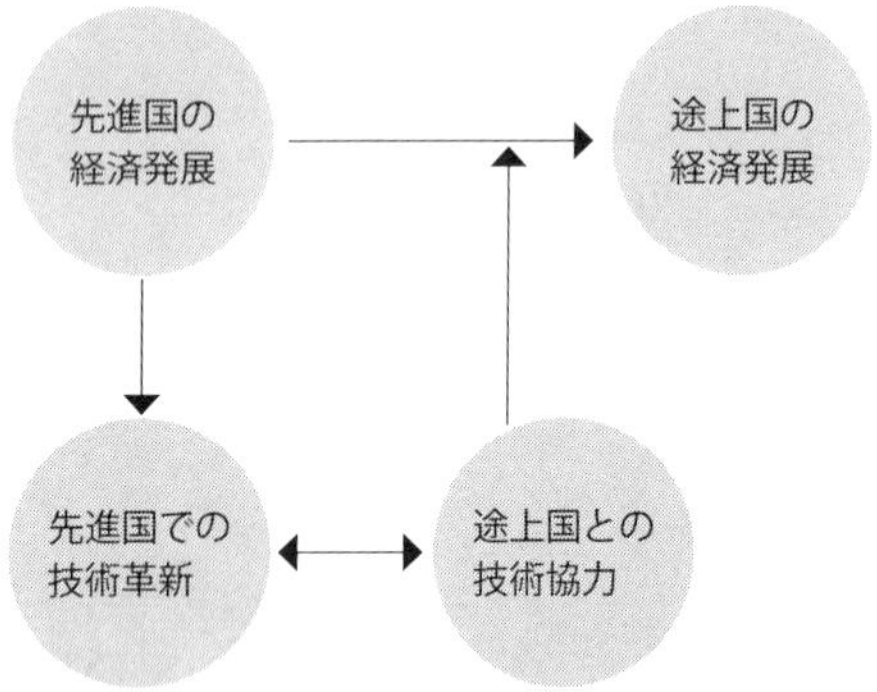

変化してきた考え

本講義を重ねるうちに、先進国による途上国への技術移転には、技術を現地の条件に適合させるため何らかの技術革新が伴う、と考えるようになりました。またこのような開発協力に伴う技術革新は、技術の普遍化につながるので、先進国にとっても利益があると気づきました。このように考えると、技術革新はどこでも起きるし、技術協力は先進国にとっても利益のある双方向の事象ということになります（図1－2）。

持続可能な発展のための技術革新

しばらくの間、このような考えで本講義をしていましたが、次第にまた考えが変わってきました。先進国において、持続可能な発展のための技術革新が起きると期待することができるか、という疑問が生じてきたのです。持続可能な発展のためには、途上国において技術革新が起きて、それが先進国に移転されることが必要なのではないか、と考えてみました。あるいは先進国が途上国支援の一環として、持続可能な発展のための技術革新に共同で取り組むべきではないのか、という考えが強くなってきました。

いまや私は、持続可能な発展のための技術革新に先進国と途上国が共同で取り組むことが、何より大切と考えるに至っています。人類を救うには、これしかないと考えているのです。こんな話をおいおいさせていただきます。

1–3 技術革新にかかる途上国事例

16年間にわたって本講義を担当させていただく間、私は極力自分の仕事にかかる途上国の事例を説明し、開発コンサルティングについて多少とも理解してもらうとともに、技術協力の意味だけでなく技術協力と技術革新との関係を論じようとしてきました。ときとしてそれはこじつけに近かったかもしれませんが、技術革新についての私自身の考えを広げ深める役には立ったと思います。説明に使った事例は、いずれも私が業務で訪れたフィリピン、中国、パプアニューギニア、エルサルバドル、カザフスタン、シリア、アフガニスタン、ミャンマー等のものです。

都市開発と技術革新

講義で説明した途上国の事例については、いくつかの流れがあります。ざっとご説明しますので、軽く聞いていてください。一つの流れは私の専門分野の一つである都市開発における技術革新です。各国の都市開発を計画するうえで、それぞれの現地条件を活かして革新的なアイデアを組み込もうとしてきました。革新的アイデアを実現するためには技術革新が必要ですが、まずはどのようなアイデアを提示してきたか一端をご紹介します。

アフガニスタンのカブール首都圏開発を事例として、新しい都市化モデルを21世紀都市として提示しようと考えました。カブール市の特性を活かして、文化都市やリサイクルエコ都市といった概念を提示し、農村域を組み込んだ都市を構想し農村との補完性を活かそうと考えました。カブール市民の大半は、浅層地下水を利用しています。カブールには市域に農地があり、地下水の涵養域になっています。また都市排水も浸透によって処理されており、ある程度循環

図1-3　カブール首都圏の空間構成：コンパクト・シティのアライアンス

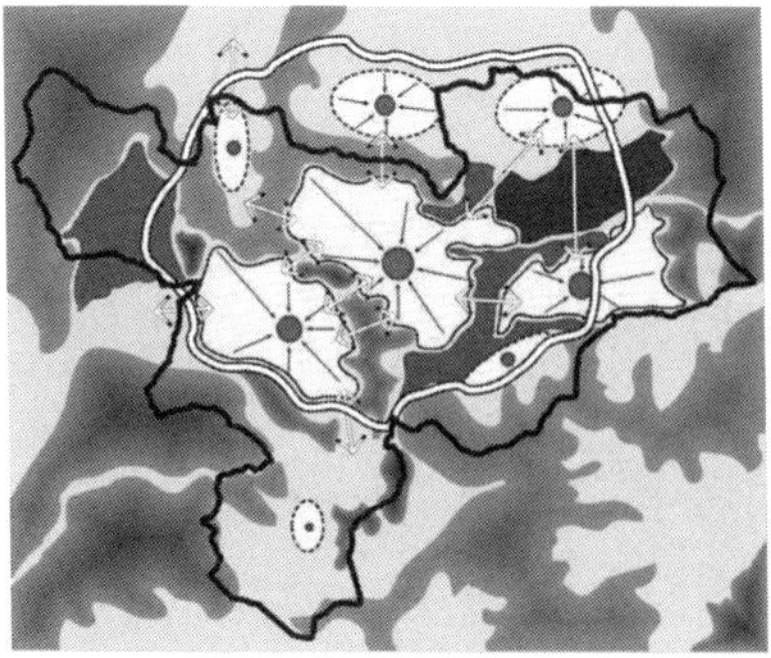

型の水利用体系となっていたのです。

コンパクト・シティのアライアンス

このような空間構成を活かして、カブール市の北に計画した新都市も、緑地や排水路によって分断しているつかの市街区域を配置しました。各市街区域は日常的生活においてはそれぞれが自己完結する都市空間であるとともに、それぞれ特徴的な高度都市機能——ビジネス機能、研究開発機能、高度保健医療サービス機能等によって性格づけられます。各市街区域は、緑地によって区切られ日常的都市機能においては自己完結するコンパクト・シティです。

これら市街区域をカブール市と新都市を巡る新しい外郭環状道路によってつなぎ、また新都市とカブール市中心部を都市鉄道によってつなぐ計画を提示しました。これによって新旧のカブール市街地は、高度都市機能を分担して相互補完することができます。いわばコンパクト・シティのアライアンスとしてカブール首都圏を開発し管理するための提案をしたといえます（図1-3）。ただし、自治体アライアンスであるためには、それなりの行政機構が伴わなければなりません。

都市における人間の安全保障

シリアのダマスカス首都圏開発の事例では、シリア全体の空間発展構造を分析し、産業配置を構想したうえで、周辺の農村域も含む広域圏としてのダマスカス首都圏を性格づけました。ダマスカス首都圏については、都市化による人口および経済活動の集積を活かすための経済効率に加えて、文化都市および人間の安全保障を概念として掲げました。

ダマスカスでは人口の急激な増加、および自動車交通の発展による都市域の拡大に対処するため、都市構造の変革を図ってきたのですが、結果としてダマスカス市は住民にとって非常に暮らしにくい都市となってしまっていました。「人間の安全保障」はＪＩＣＡが掲げている援助概念の一つですが、ダマスカス首都圏の文脈では、ダマスカス市を住民の手に取り戻す必要があることを表現したものです（表1-1）。

表1-1　ダマスカス首都圏開発の3つの計画概念

経済効率 Economic efficiency	人間の安全保障 Human security	文化都市 Cultural city
• 都市道路網の改良 • 公共交通の改善 • 新交通モードの導入 • 地下駐車場等の設置 • 水利用の効率化に資する都市形態の実現	• 快適な歩行者空間の創出 • 都市公園、川沿い遊歩道、歩道・歩行者通路網 • 都市修景・美化 • 交通安全対策 • 都市防災 • 社会的セーフティネット	• 交流の場としての中庭形成 • 旧市街の「中庭化」 • 都市・建築遺産の活用を通じた保全 • 文化センター施設設置 • 国際会議を含む観光基地インフラ整備 • 高度社会サービス提供

都市化による社会的疎外

パプアニューギニアのセトルメント開発は、都市化に伴う社会的疎外の問題を極端な形で提示する事例です。首都ポートモレスビーに10数か所あるセトルメントは、山岳地域から出てきた部族民が集住している、いわば都市部落ともいうべき非公式空間です。そこに住むものは、首都の公式空間には容易に受け入れられず、特に若者が疎外されて犯罪に走る傾向があります。セトルメントの住民は、元々の居住地の部落とのつながりを維持しており、行ったり来たりの「循環型移住」をしています。

循環型移住は、都市化圧力を軽減し、社会保障費用を軽減し、農村と都市との相互補完的発展を図るうえで好都合な面もあります。またセトルメントは、都市域では貴重な緑地を提供するだけでなく、多様な部族の文化によって、都市に活力を与えることができます。発想を転換することによって、セトルメントを首都圏開発に活かすことができると考えました。

代替社会経済の提案

講義で説明した途上国事例のもう一つの大きな流れは、代替社会経済です。あとで詳しく説明するように、資源集約型で経済効率志向の20世紀型開発モデルに対して、私は新しい開発モデルを模索してきており、それを代替社会経済と呼んでいます。

フィリピンのミンダナオでは、アメリカの多国籍企業がバナナやパイナップルの生産に進出しています。これら企業は生産から一次加工、包装、輸送、輸出まですべて企業内で自己完結してしまいます。雇用創出によって地域経済にそれなりの役割を果たすのですが、地場産業の発達にはあまり貢献しません。

これに対して、生産から流通まで代替的な仕組みを提案しました。具体的には、地場資源および伝統技術を活用して、輸出市場を狙う特産品を創出することを提案しました。また貧困層に資する、いわゆるPro-poorなインフラ整備を提唱して具体的なプロジェクトを形成しました。

代替社会経済を支える産業クラスター

このような考えは、その後私のなかでさらに発展してミャンマーの南東部地域開発およびフィリピンのバンサモロ地域開発で、代替社会経済およびそれを支える産業クラスターの形でより明確で具体的になりました。第6章で説明するように、農産品等の一次産品を基盤とする垂直型産業クラスターによって、貧困層による生計活動を、地場産業を介して輸出産業にまでつなぐというのが、基本的考えです。これはいまはやりのバリューチェーンの一種ですが、国際分業のグローバル・バリューチェーンと違って、バリューチェーンが一国ないし一地域内に収まり、輸出製品によってグローバル市場とつながっています。

このようなバリューチェーンを確立・強化するために、関連インフラを整備し経済回廊を形成するという戦略を提案しました。経済回廊を形成するためには、単に幹線道路を整備するだけでなく、一次産品の生産地へのアクセスを改善する農村道路の整備も必要です。これはまさしく貧困削減に資する(Pro-poor な)インフラの代表です。

カザフスタンのマンギスタウ地域開発およびエルサルバドルの東部地域開発においても、地場資源を活用する産業クラスター振興を提案しました。マンギスタウ地域では、東西交易の結節点という地の利を活かしたロジスティック産業クラスターや、カスピ海で新たに発見されたガス田を活かすガス化学工業のリンケージ産業クラスターのほか、温室や点滴灌漑による施設型農業も提案しています。さらに政府主導による開発から民間活力の活用による開発に移行するための、政策転換や制度整備について提案しています。これらは制度面の技術革新といえるかもしれません。

エルサルバドルの東部地域開発では、伝統的な藍産業の復興のために、藍草の栽培から染料の抽出、藍染め、市場開拓まで一貫するパイロット事業を実施し、藍産業クラスターの形成・振興を図りました。

最後の事例

私が設立したレックス社は、2015年9月よりイランの地域開発プロジェクトにかかわっています。イランの最南部のホルムズ海峡を望む位置にあるゲシュム島という大きな島の、地域開発計画を策定するＪＩＣＡの技術協力プロジェクトです。イランに対する経済制裁はまだすべて解除にはなっていませんので、大っぴらに経済開発を推進することはできません。そこで環境と観光を中心としてエコアイランド構想によってゲシュム島を開発するべく計画を策定しています。「環境と観光」は、中東和平の実現のための国際協力枠組みのなかで、日本に割り当てられている分野です。

ゲシュム島には、最近国際連合教育科学文化機関（UNESCO）に登録されたジオパークがあります。この島は海底の堆積岩が隆起してでき、その後浸食によって削られてできたさまざまな形の奇岩が、ジオパークとなっています。世界最大級の塩のドームもあります。沖合に小さな船で30分も行けばイルカの群れに出会い、親しく交流することができます。ウミガメの産卵海岸もあります。

この案件のプロポーザルで、日本の里山・里海の概念を適用することを提案しました。里山・里海は、自然に人間が手を入れることによって生物多様性が増加するというモデルです。ゲシュム島の変化に富んだ独特の自然を保全しつつ観光に活用するために、里山・里海モデルを適用しようとしています。里山・里海は、5-2節で論じるように代替社会経済の一つの形です。この案件はレックス社の若手に委ね私は下支えしているだけですが、私にとっては最後の事例です。

代替社会経済と適正技術

これらの事例を通じて、代替社会経済を支える適正技術ないし中間技術は、伝統技術を先進技術によって補完する、あるいは先進技術のなかに伝統技術を活かすことによって生み出されることを、私は徐々に確信するようになりました。そのような適正技術の体系を作り上げるうえで、先進国と途上国の共同研究開発が極めて重要であると考えるに至っています。そして先進技術のなかに伝統技術の知恵を活かすうえで、日本は世界の最先端にあるというのが、私の信じるところです。このようなことを、順次説明していきたいと思います。

1-4　技術革新についての固定観念の打破

3つの固定観念

技術革新について皆さんは何らかの考えやイメージを持っているでしょう。多くの人は概ね共通するイメージを持っており、それは固定観念になっていると思います。本講義によって、技術革新についての3つの固定観念を打破したいと考えます。すでに説明したこともありますが、まとめると図1-5のようになります。

図1-5　技術革新にかかる3つの固定観念

1. 「技術革新」のイメージは メタリック／プラスティック（非人間的）？
2. 技術革新は経済発展の先端で起きる？
3. 先進国の技術革新を 途上国に移転するのが技術協力？

技術革新のイメージ

皆さんは技術革新というと何を思い浮かべるでしょうか。技術革新のイメージは、個々の革新的技術によって形成されるといってよいでしょう。革新的技術を思い付くままにあげてみましょう。新素材、ハイブリッドカー、バイオテクノロジー、ロボット工学、遺伝子工学、ｉＰＳ細胞等々……。遺伝子工学といっても、クローン人間とか遺伝子組換え食品というと、多くの人は少し警戒します。非人間的な感じもします。ｉＰＳ細胞による再生医療というと、将来に向けて希望を持ちたくなるかもしれません。しかし実験によって背中に人間の耳を生やしたネズミを見ると、非人間的なイメージがわきます。

技術革新が人間にとって望ましいかどうかは、一つには応用の仕方次第ということがあります。技術は本来中立的なものであり、それを人間の目的のために応用する仕方によって、非人間的かどうかが決まるといってよいでしょう。この点は頭に置いておいてください。

技術革新によって作り出される製品には、素材として金属や合成樹脂のようなものが使われているものが多いようです。これが技術革新のメタリックでプラスティックというイメージに影響しているかもしれません。一方、遺伝子工学やｉＰＳ細胞等は、柔らかいイメージを持っています。

技術についてはハードとソフトに分けてとらえる仕方もあります。ハードはエンジニアリング(工学)に代表され、ソフトはハード技術の使い方にかかわります。ハイブリッドカーやロボット工学は、ハード技術の集積に見えますが、ハイブリッドカーの制御の仕組みを運転者の立場から設計するためにはソフト技術が必要です。

つまりソフト技術は一般化していうと、ハード技術の使い方にかかるものです。使うのは人間ですから、非人間的ではありえないわけです。先走って結論めいたことをいうと、技術革新は人および文化・社会に密接にかかわります。したがって非人間的であってはいけないのです。

経済発展と技術革新

技術革新は経済発展の先端でのみ起きるわけではないことは、すでに論じました。先進国から途上国への技術協力は、何らかの技術革新を伴うと述べました。技術革新は先進国・途上国を問わず、どこでも起きうるといってよいでしょう。

当講座はオムニバス方式で多くの方々が講師を務めています。そのなかには、東京大学「先端科学技術センター」の偉い先生も含まれています。確かにイギリスにおける産業革命以来、技術革新は先進国で起き20世紀を通じて先進国の経済発展を支えてきたといえます。先に例示した最近の技術革新も、日本をはじめとする先進国で実現したものです。

しかしたとえ先進国で技術革新が起きたとしても、それを途上国に適用するためには、何らかの技術革新が必要でしょう。先に述べた通り、技術革新は人および文化・社会に密接にかかわります。というより、文化・社会の異なる途上国に技術を適用するためには、何らかの技術革新が不可欠なのです。

先進国に「先端科学技術センター」があるのはよいでしょう。しかしそこで普遍的な技術が生み出され、途上国を含めてどこでもそのまま適用可能というのは、ありそうもない話です。革新的技術を途上国に導入するにあたっては、現地条件に合わせるための何らかの適合化が必要でしょう。私は「適正技術研究開発センター」のような機関が途上国にできるとよいと考えています。

技術移転か技術協力か

これもすでに述べたことですが、先進国の技術革新をそのまま途上国に移転するのが技術協力ではありません。移転するにも、途上国の文化・社会に適合するように、何らかの技術革新とともに技術協力をする必要があります。そのような技術革新は、技術の普遍化につながり、先進国にとっても利益となりえます。したがって先進国と途上国との技術協力は、一方通行の技術移転ではなく、双方向の技術協力なのです。

先進国での技術革新が今後も継続して、持続可能な経済発展のための技術が生み出されていくことを信じることが、私にとっては次第に難しくなってきています。これからの技術革新においてはますます、ハード技術の活用にかかるソフト技術の革新を伴わなくてはいけないのは明らかです。技術革新は人および文化・社会に密接に関わるからです。

そのような技術革新のためには、文化・社会の異なる途上国から学ぶべきことが少なくないと私は考えます。持続可能な経済発展のための技術革新は、先進国と途上国の共同研究開発によって実現するのではないか、これこそいま私が抱いている仮説で、皆さんに本講義を通じて頭に置いておいていただきたいことです。

第2章 技術とは経済発展とは何だろう

2-1 技術の定義と役割

技術のさまざまな定義

技術革新を論じる前に、技術について少し考えてみたいと思います。技術とは何でしょうか。私の手元にある国語辞典によると、二つの説明があります。一つ、理論を実際に応用する(ものをとりあつかう)手段やしかた、もう一つ、自然を、人間生活につごうのよいように手を加える手段、とあります(三省堂国語辞典第四版)。

最初の定義では、理論と対峙して技術を定義しています。理論があるという前提で、理論にとどまらず応用するのが技術だということです。この定義によると理論がなければ技術はないことになり、疑問があります。実際には理論がなくても技術はありえます。次の定義は、自然に手を加える手段を技術とし、その目的は「人間生活の都合」としています。人間のためという視点は理解できますが、技術を肯定的にとらえているように感じられません。
私は技術を次のように定義してみました。

技術＝自然からよりよいモノを引き出すワザ、あるいは
＝人間開発のための人の交流を助けるもの

いずれ一つの絶対的に正しい定義があるわけではありません。さまざまな定義を示して、考えるきっかけを与えたいと考えます。少し説明しましょう。

最初の定義は国語辞典の二番目の定義に近いかもしれません。自然状態があるだけでは人とのかかわりはありませんが、そこから何かを引き出そうとするときに、技術が必要となります。地下の水を引き出すために井戸を掘る技術が必要です。引き出すモノは、実体的なものばかりとは限りません。見ることによって引き出す景観もモノのうちであり、よりよく見るための技術があります。

次の定義は少し難しいかもしれません。人は自らを「開発する」ために、つまり啓発され能力を向上させるために他の人と交流します。一人内省し、あるいは神と向き合うことによって自らを開発する賢者・聖者もいるでしょうが、普通の人は他の人と交流することによって、人間開発を実現します。そのような交流を助けるのが技術であるというのです。技術が生んだ道具としての携帯電話を思い浮かべればよくわかるでしょう。

道具がなくても交流は可能で、さまざまなワザがあります。言葉はワザの一種といえます。知恵はどうでしょうか。宇宙の真理を追究する知恵を通じて、高度な交流をすることができるでしょう。判断は技術だといいますが、知恵は技術でしょうか。

技術の役割

前頁に示した技術の定義を踏まえて、私なりに技術の役割を次のように定義してみました。

技術の役割＝よりよい人間環境（社会環境＋自然環境）の創造を支えること、あるいは
＝人間開発のためのよりよい環境を創出すること

最初の定義において、人間環境は社会環境と自然環境が合わさって形成されるといえます。よりよい人間環境の創出は、開発といってよいかもしれません。そう考えると、二番目の定義とほぼ同じになります。違いは、最初の定義が技術を客観視しており、創造するのが人間である一方、技術は創造のために人間が使う道具であるのに対して、二番目の定義は技術が主体です。前者はエンジニア的な見方かもしれません。後者は、技術を幅広く見ています。

人と技術

技術の定義を見ても、技術の役割を考えても、人とのかかわりが明らかです。よりよい人間環境の創造を開発ととらえるならば、そのなかで人間開発を図るために技術が必要ということになります。人間開発のためのよりよい環境を創出するというとき、創出するのは人間であり、その過程で技術が活かされているはずです。

人間開発の意味するところが何であれ、人が何かをしたいと思ってするところに技術がかかわってくるということです。「人の好奇心が技術を生み出す」というのは、このような関係をわかりやすく表現したものといえるでしょう。人が好奇心によって見たい、知りたい、聞きたい、体験したいという思いが、技術を生み出すといえるでしょう。見たいからメガネや望遠鏡・顕微鏡等が生み出され、知りたいからさまざまなＩＣＴ技術が生み出されます。聞きたいから音響製品や補聴器あるいは通信機器が生まれ、体験したいから飛行機や運輸技術が生まれます。「必要は発明の母」というのは、切羽詰まった印象を与えますが、好奇心が技術を生み出すというのは人類の進歩に希望を抱かせる表現ではないでしょうか。好奇心こそが、人類の進歩を支えるということを、心にとどめておいてください。

若冲と好奇心について

ここで少し脱線して、最近一大ブームになった伊藤若冲について話したいと思います。若冲は若いころ、有名な動植綵絵を制作していたころだったと思いますが、「犬に仏性在りや」との禅問答に出会い、その後模索した末に、最晩年になって答えを出したのが「百犬図」だということです。そこで私は考えて、次のような考えに至りました。

「百犬図」はたくさんの子犬を描いていますが、その意味は、「仏の御前では、人は皆子犬のようなもの」ということではないかと思います。そして、しからば問わん「犬に仏性在りや」と話が通じます。「百犬図」は動植綵絵と同様、若冲が極めを入れているので、自信作のはずです。しかしそこに描かれている子犬は、犬としてよく描けていると私は感じないのです。なぜかというと、目が人間なのです。目を見開いている、好奇心に満ちた人間が描かれているというのが私の解釈です。

A・C・クラークとの共通点

これは20世紀最高のSF作家で、映画『2001年宇宙の旅』の原作者アーサー・C・クラークと同じで、人類は種としては幼年期にある、だから理解できないことばかりである、その未熟な人類に救いがあるのは、好奇心があることである、と私は解釈しています。『2001年宇宙の旅』の終盤近く、まばゆい光が点滅しながら流れる場面が続きます。そのなかで規則的に動いている部分があり、それが人の目の瞬きであることに気づきます。自分が理解できない圧倒的な情報の流れのなかで、目を見開き続けている人間が象徴されています。

次の場面では、大きな屋敷のなかで年老いた人が一人で食事をしています。生きるためには食べなくてはならず、それは宇宙の真理を理解できない未熟な人類でも、受け入れざるを得ないことです。この場面はそのことを象徴していると私は思います。

その老人がナプキンを取り落とし、それを拾おうとして手を伸ばしたとき、隣の部屋で死の床にある老人が目に入ります。自分の姿です。その老人の目の前に映画で繰り返し現れる謎の物体が、もう一度出現します。その意味が理解できず、思わず問いかける指先が、そのまま母の胎内の胎児の指先に移行します。

アーサー・C・クラークには、そのものずばり『幼年期の終わり』という小説があります。種として幼年期にある人類に期待が持てるのは、宇宙の真理を知ろうとする好奇心があるからということです。若冲の「百犬図」と同じ思想です。この絵を見て心が和むとしたならば、その心即ち仏性なり、ということかもしれません。

2-2　経済発展と技術についてのさまざまな考え

経済発展の意味

さて、技術の次は経済発展です。経済発展とは何でしょうか。どこの国も経済発展を目指しているようで、それが当然のことのようにとらえられていますが、いったい何を目指しているのでしょうか。人類は、その歴史を通じてずうっと経済発展を目指してきたのでしょうか。経済発展は継続的に実現してきたのでしょうか。

経済発展のイメージは、時代とともに変化してきています。私が小学生のころ、経済発展というと学校で社会科の授業で習った京浜工業地帯のようなイメージがあったと思います。活発に操業する工場でいろいろなものが作られ、その製品によって生活が潤い、給料によってさまざまな活動ができるといったイメージです。そのころ工場からモクモクと噴き出る煙は、経済発展の象徴として明らかによいイメージがありました。

日本では1960年代から、いわゆる高度成長が続いて年々所得が増加し生活が豊かになっていると感じられました。そのころ経済成長はずっと続くかのようなイメージを、多くの人が持っていたと思います。しかし高度経済成長に伴って公害問題が悪化し、1970年11月に開催された臨時国会で公害対策のための法令の抜本的整備が行われるに至りました。

１９５０年代に戦後賠償という形で始まった政府開発援助（ＯＤＡ）は、実施の仕組みを整えながら急速に拡大し、１９９０年代に日本はＯＤＡ供与額世界一を９年連続で達成しました。自らの経済発展を踏まえて、開発途上国の経済発展を支援すべく、ＯＤＡを拡大した結果です。その間、１９９０年代初めにバブル経済が破たんし、日本は長い経済低迷の時代に入っていきました。

経済発展というのは永遠に続くものではないらしい、ということはわかってきました。しかし経済発展の遅れた途上国については、少なくともある程度の経済発展は必要であることも、明らかでしょう。リーマンショックを一つの契機として、世界的な不況が懸念される時代となり、不況から脱するために先進諸国は何をすべきか、模索が続いています。世界経済をけん引するために、中国やインドの経済発展に期待がかけられています。やはり経済発展は必要だ、というのが世界的に大勢の考え方のようです。

単系的発展史観

前に述べた通り、この半世紀ほどの間だけでも経済発展についての考え方や見方は変化してきています。もう少し長い目で経済発展を見たらどうでしょうか。単系的発展史観という見方があります。これはずいぶん議論された見方ですが、簡単にいうと人類のどの社会集団も同じ経過を経て進化するという考え方です。そのような経過を経て頂点にあるのが西洋文明であり、かつて西欧列強の国々は、「白人の使命」と称して植民地に西欧的な文化・制度を導入させることで「未開」の諸民族を「文明」の段階へと「進歩」させるとして、植民地支配を正当化してきたという歴史があります。

このような見方はいまでは表向きは概ね否定されているといえますが、一部の人たちの心の奥には依然影響が残っているでしょう。少し考えてみればわかることですが、人類の発展が一元的方向に向かうとしたら、実につまらない話です。文化・社会については地域性や多様性が大切だということは、いまや多くの人が認めています。一方、単系的発展史観のような見方から抜け出せない人もいるようです。

たとえば、環太平洋パートナーシップ(TPP)交渉で、例外なき関税撤廃が論じられました。しかしどの国にも固有の文化があり、なかでも食文化は重要な部分を占めています。日本にとってのコメは、日本文化の重要な部分です。日本のコメ作りを守りたいというのは、当然の要請です。例外なき関税撤廃は、文化多様性の否定にほかなりません。

経済がグローバル化して、よいモノを作れば地球全体がマーケットになりえる時代です。世界はより自由に、よりグローバルにという方向へ動いているように見えます。しかしそれが、「よりよいモノをより安く」という程度の話であるならば、文字通り安っぽい話で文化にはあまりかかわりそうもありません。アメリカを中心とする消費文化によって、世界が一色になることを望んでいる人は、ほとんどいないでしょう。

経済を一元的尺度とすると、例外なき関税撤廃のような話になり、文化多様性が否定されてしまいます。そしてグローバル経済のなかで勝ち組と負け組が峻別されてしまいます。実に面白くない話で、このような状況は誰も望んでいないでしょう。

アジア経済発展の雁行モデル

経済発展の雁行モデルは、1930年代に名古屋大学の赤松要氏が提唱したものですが、その後しばらくは注目されなかったようです。日本が高度経済成長期に入った1960年代初頭に英語論文が発表されて世界的に知られるようになり、高度成長を遂げる日本と、日本との関係を活かして追いつこうとするアジア諸国との関係に当てはめ、論じられました。

雁行モデルの理論体系はさておいて、雁行モデルの現象としてアジアで起こったことを、概略説明します。１９６０年代の日本経済の高度成長を踏まえて、１９７０年代には日本の製造業が新興工業経済地域（ＮＩＥＳ）に進出していきました。高度成長による所得増加によって労務費が増加し、労働集約的な製造業が国内では成り立ちにくくなったということです。日本が技術集約的な製造業に特化していくとともに、ＮＩＥＳでは輸出製品の生産が発展しました。

次いで１９８０年代になると、日本およびＮＩＥＳの製造業は、ＡＳＥＡＮ諸国へと移転していきました。日本とＮＩＥＳとは次第に、技術集約的な業種において競合するようになりました。これは現在に至るまで続いているといえます。また日本とＮＩＥＳによる輸出志向型の開発によって貿易摩擦が生じました。また輸出入を調整する為替の変動によって、グローバル経済の不透明性が増したのも、この時期の特徴といえます。部品・半製品・最終製品製造における役割分担や輸出入を通じて、アジア諸国の産業連関が深化し相互依存関係が強化されて現在に至っています（図２−１）。

１９８０年代から１９９０年にかけての、日本・ＮＩＥＳ／ＡＳＥＡＮ間の関係の変化を代表的な国の投資データで見てみると、表２−１のようになります。表には１９８６年および１９９０年における日本・ＮＩＥＳから、ＡＳＥＡＮおよびＮＩＥＳ諸国への投資額が示してあります。カッコ内の数字はそれぞれの国への総投資額に占める日本・ＮＩＥＳからの投資額

図2-1　アジア経済発展の雁行モデル

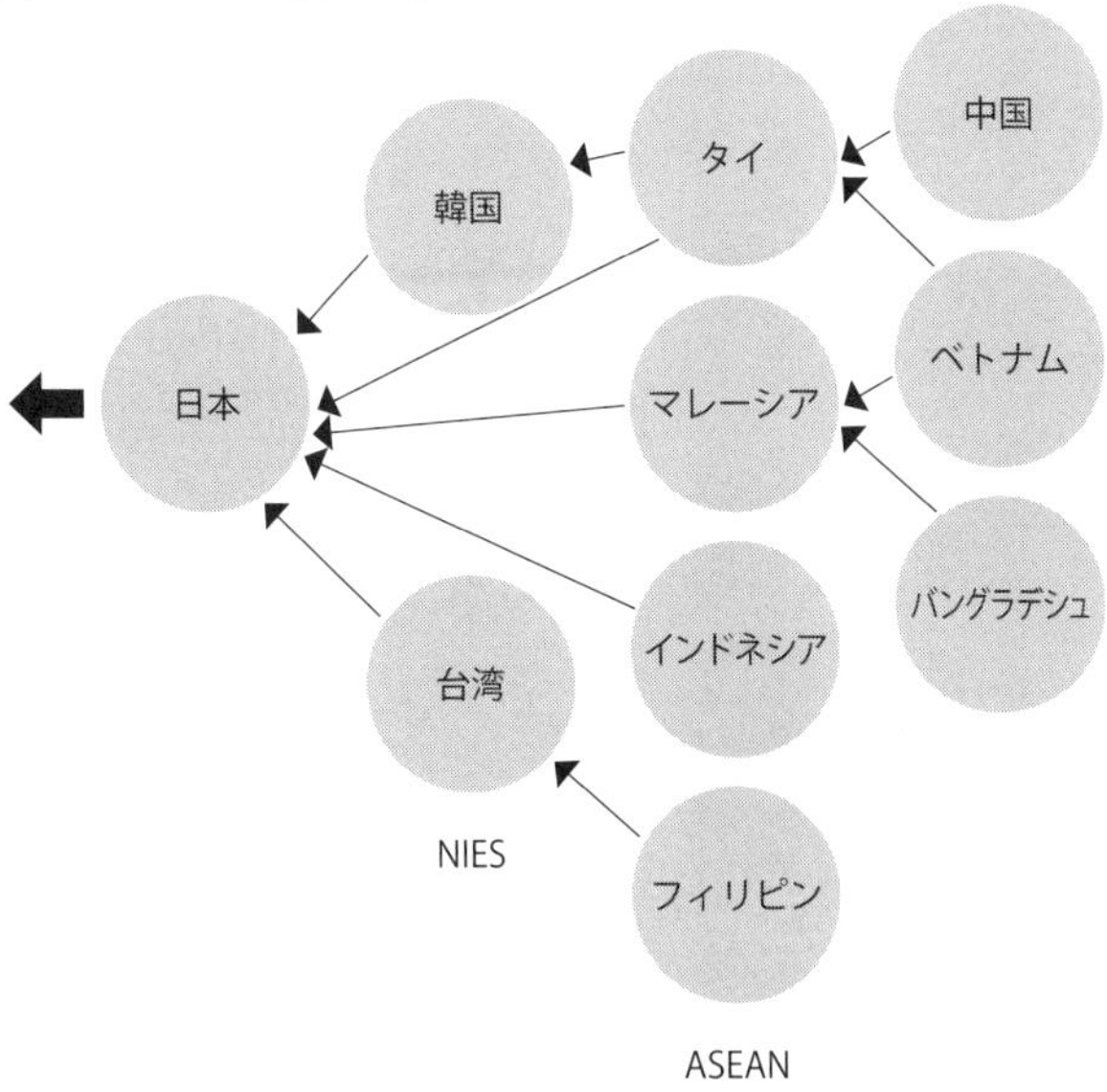

表2-1　日本、NIESとASEAN、中国、韓国との投資の流れの変化
1986年1990年　（単位：US$　百万：割合%）

		タイ	マレーシア	フィリピン	インドネシア	中国	韓国
日本	1986	251 (43.3)	23 (11.1)	22 (28.5)	325 (40.6)	263 (11.7)	138 (38.9)
	1990	2,706 (19.2)	657 (28.5)	306 (31.8)	2,241 (25.6)	356 (10.5)	235 (29.3)
NIES	1986	91 (15.7)	48 (23.7)	8 (10.2)	84 (10.5)	1,342 (59.8)	16 (4.5)
	1990	8,794 (62.2)	1,100 (47.8)	384 (39.9)	2,598 (29.7)	2,162 (63.7)	21 (2.6)

出典：Economic Research Institute, Economic Planning Agency, "Dynamic Interdependence among Asia-Pacific Economies," The Keizai Bunseki, No.129, March 1993より作成

の割合です。日本からＡＳＥＡＮ諸国への投資は急速に増加していますが、ＮＩＥＳからＡＳＥＡＮ諸国への投資は、さらに高い率で増加しているのがわかり、これは国際分業の仕方が変化したからです。

経済発展局面分析

歴史を振り返ってみれば、人類がたどってきた経済発展に、ある程度共通の経路があることは確かです。経済発展局面の分析は一時かなり盛んだったようです。財団法人国際開発センター（ＩＤＣＪ）理事も務められた大川一司教授の研究は、私もＩＤＣＪ在籍中に多少は勉強しました。ここではごく常識的な発展局面を確認しておきます。

人類が定住して農耕を開始したころ、農村社会は基本的に自給自足だったでしょう。何らかの理由で農業生産性が向上し、余剰農作物ができるようになると、余剰の交易の場として市場が成立し、それがやがて恒久的なものとして都市となります。技術革新もあって農業の生産性がさらに向上し、交易の場としての都市が拡大します。都市においては生産品の加工や交易にかかる機能が、次第に専門分化するでしょう。都市の広域化・専門分化とともに、技術革新による加工・交易・輸送の高度化、商工業活動の大規模化が起きるでしょう。

都市における商工業の発展によって、就業・所得機会を求める人びとが都市に向かいます。一方、技術革新による生産性の向上によって、農村では人手が余るようになり、都市における人手不足の供給源となります。このような都市による吸引と農村からの押し出しによって、農村から都市への人口移動が続きます。

その結果として、世界の人口に占める都市人口の割合は増加を続け、２０００年代半ばには都市人口比率は50％を超えたといわれています。この趨勢が続くと、２０３０年には都市人口比率は60％となり、49億人が都市に住むようになるといわれています。しかしこれは必然なのでしょうか。

都市化は必然か

都市人口が急速に増えると、上水供給や、住宅、都市道路をはじめとして、都市インフラが不足し、生活環境が悪化します。これは都市における生活費が増大するということだけでなく、都市における経済取引コストが上がるということで、都市化の利点が減少するということです。これに対処するために都市の諸インフラを整備すると、さらに都市への人口流入が加速されます。都市インフラの整備は、都市への人口流入を可能とする条件を整えていることになる、という見方もできます。

都市に人が集まってくることには、必然性もあります。さまざまな利便性を求めるためということもありますが、最も根本的理由は就業機会を求めるためです。それならば都市域の外に就業機会を創出すれば、少なくとも過度の都市化は避けられるのではないでしょうか。都市化の趨勢を必然と考え、それに対処しようとすることによって、都市化を助長しているのかもしれません。将来の都市化は、それを想定することによってその実現を助けるという、自己実現的予言の面があると思います。歴史的に観察される経済発展経路が必然ではないのと同様に、継続的都市化も必然ではないかもしれません。

これからの技術と経済発展についての問題意識

本項の最後に、これからの技術と経済発展についての問題意識を提示しておきたいと思います。経済発展経路や局面についての代表的な分析を概観しましたが、経済発展が一元的方向に向かっているということではないようです。経済発展論は、西洋の経済発展の後づけモデルである傾向が強く、西洋文明の優位性や都市化の趨勢に代表されるように固定観念にすぎません。固定観念から脱しない限り、人類の存続さえ脅かされる状況になっています。

20世紀を通じて先進諸国で実現してきた経済発展は、産業革命以降に先進国で起きた技術革新による技術体系に支えられてきました。20世紀の先進諸国での高度成長は、化石燃料の大量消費と機械化による大量生産によって実現したといってよいでしょう。それは概ね資源集約的で経済効率志向の経済発展です。それが先進国・途上国を問わず今日のさまざまな環境・社会問題を生じてきました。環境問題は大気・水・土壌の汚染による公害であり、その代表が温室効果ガスによる地球温暖化です。社会問題の代表は格差と貧困ですが、より本質的には技術による人間疎外、専門分化による人間の技術への従属です。

このような技術体系を、途上国が先進国による技術移転によって引き継ぐことは、環境・社会問題の拡大再生産にしかなりません。それでは地球が持ちません。技術を途上国の社会・経済・文化的条件のなかで選択的に革新して、「適正技術」の体系によって「代替社会経済」を形成していくべきです。適正技術とは、人間が技術に従属せず人が主体として活用できる技術です。代替社会経済とは、資源消費が少なく経済効率一辺倒ではなく環境にやさしい社会です。

このような代替社会経済を目指すうえで、技術面および文化面において日本は他の先進国と比べてよい位置にあると思います。適正技術に支えられた代替社会経済を実現するために、日本が主導して途上国と協力して共同技術開発を実践していくことが重要だと思います。ＯＤＡ

は、そのための重要な方法となるでしょう。

2-3　私の発見：シュンペーター

私にとってのシュンペーター

私は日本の大学で建築を勉強したのちアメリカに留学して、まず南カリフォルニア大学で環境工学の修士を取り、コーネル大学に移って博士号を取りました。博士号を取るうえで、水資源開発・管理計画を主専攻とし、副専攻としては経済学とオペレーションズリサーチを選びました。経済学は、アメリカにわたってから初めて本格的に勉強しました。その後経済学の本を、日本語でもたくさん読みました。日本で学んだ経済学は、難しい専門用語が使われており、アメリカで学んだ同じ学問という気がしません。

それはともかく、アメリカではミクロ経済、マクロ経済、公共経済等を一通り勉強しました。これからお話しするシュンペーターについても学んだはずですが、あまり記憶はありません。シュンペーターについて勉強しなおしたのは、本講義を担当するようになってからです。そしてシュンペーターが、最も重要な経済学者の一人であると理解するようになりました。シュンペーターを改めて勉強することで、私の人生はより豊かになったと思います。この講義のお陰です。

シュンペーターは1883年の生まれで、奇しくもあのジョン・メイナード・ケインズと同年です。ケインズは20世紀における経済学者の代表的存在であり、いまでも知らない人はいないほどで最も影響力の強い経済学者といってよいでしょう。それに比べてヨーゼフ・アロイス・シュンペーターは、経済学を学ぶ者の間ではよく知られていますが、そのイノベーションによる経済成長理論が広く注目されるようになったのは、比較的最近です。私自身、本講義を担当することがなかったならば、多くのすぐれた経済学者の一人としてしか認識しなかったかもしれません。

イノベーション＝新結合

シュンペーターの論じるイノベーションは、広義の技術革新と説明されます。狭義の技術の分野に限定されないということです。シュンペーターは、イノベーションの類型として以下を提示しています。

図2-2　イノベーションの類型のとらえ方

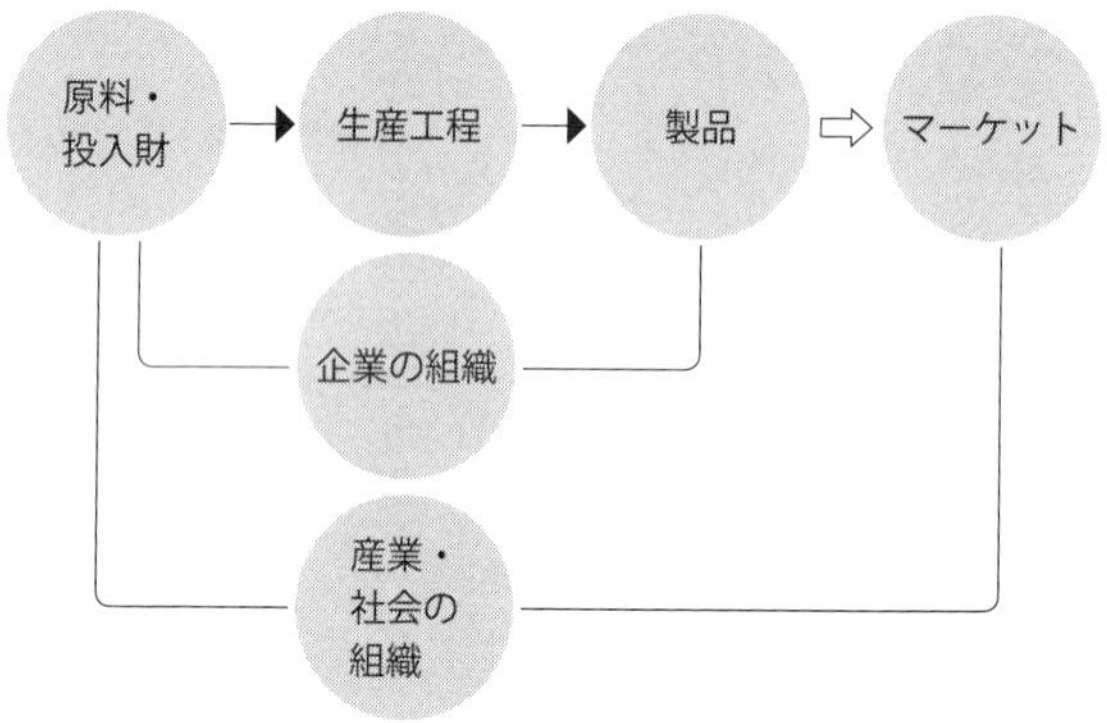

❶新しい財貨の生産
❷新しい生産方法の導入
❸新しい販売先の開拓
❹原料あるいは半製品の新しい供給源の獲得
❺新しい組織の実現(独占の形成やその打破)

このうち❷が狭義の技術革新といってよいでしょう。広義の技術革新、すなわちイノベーションとは「新結合」とシュンペーターは説明します。つまりモノや事柄を新しい見方で結びつける思想がイノベーションです。何らかの新しい生産物や財貨、原料や半製品の新しい調達源、新しい生産方式、新しい市場、これらを包含する新しい組織や社会の形態、これらすべてがイノベーションです。

シュンペーターによるイノベーションの類型を、私は図2-2のようにとらえました。ご覧いただける

図2-3　イノベーション(新結合)の結合の要素

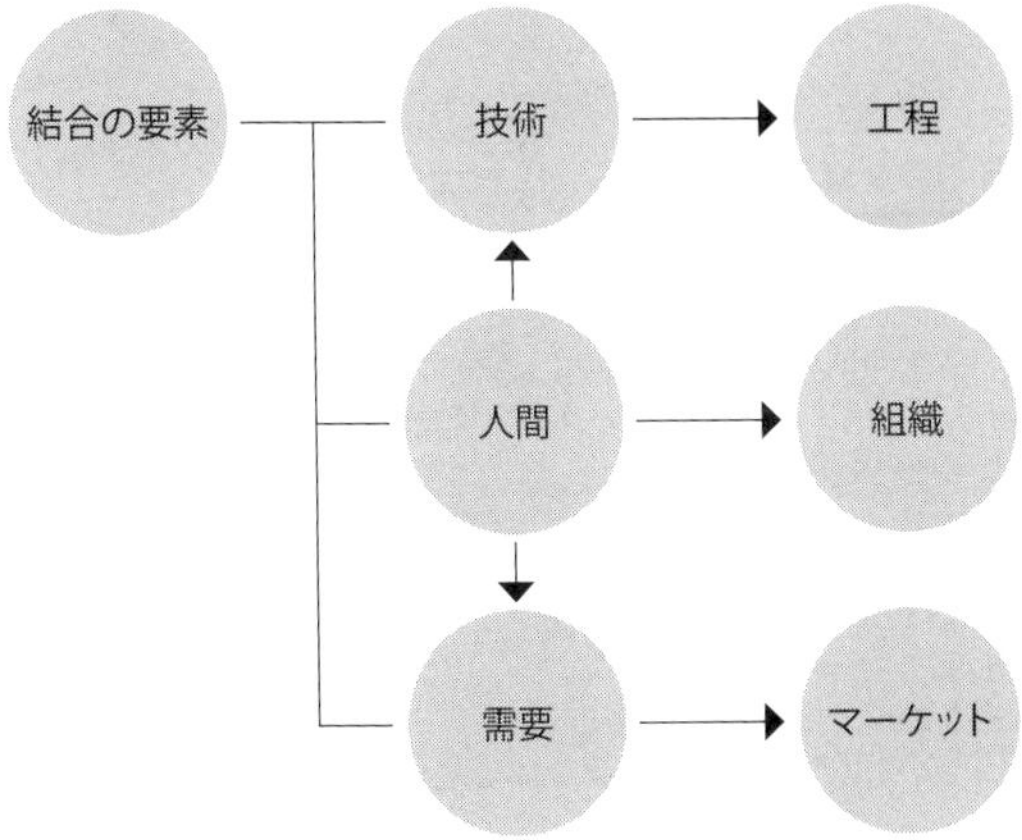

通り、先の類型のすべてが包含されています。

私の発見：結合の中心は人間

イノベーションは新結合ですが、それでは結合の要素は何でしょうか。図2-2に示している要素は、生産の技術と工程、企業および産業・社会の組織、そしてマーケットです。企業の組織は原料・半製品という投入財、生産工程、製品を包含しています。産業・社会の組織は、さらにマーケットまで含んでいます。これを私は、図2-3のようにとらえなおしました。つまり結合の要素は技術、人間、需要です。

図2-3には図2-2に示したイノベーションの要素がすべて入っていますが、このようにとらえることによって、イノベーションの本質が

見えてきます。生産工程を支える技術は、先にお話しした通り人間の好奇心が生み出します。マーケットは人間一人ひとりの需要の総体であり、需要は人間の欲望が作り出すものです。このようにとらえると、イノベーション＝新結合の中心は「人間」であることが明らかになります。

こんなことは当たり前のことで、経済学者なら当然知っていることなのかもしれません。しかし私にとって、これは自分で見つけたことなのです。このようなことが経済学の教科書に書いてあるのかどうか、私は知りませんが、書いてあろうがなかろうが自分で考えることによる「発見」であることは確かです。

イノベーション＝新結合の要は人間です。そして人の言動および人と人との関係は、文化・社会によって規定されます。したがってイノベーションは文化・社会に無関係ではありえません。いうまでもなく文化・社会には地域性・多様性があります。イノベーションが経済発展を生むのならば、単系的発展史観や一元的な発展論には、大いに疑問があるということになります。

逆にいうと、文化・社会の異なる途上国に対する技術協力は、必然的に技術革新を伴うということになります。技術協力に携わる開発コンサルタントとしては、当然のことながら途上国の文化・社会に対する配慮がなくてはいけないということです。この当たり前のことを多くの人たちは、2016年7月に起きたダッカテロ事件で、7名の日本人開発コンサルタントの尊い犠牲を払って改めて学んだのです。

第3章 技術協力はなぜ必要なのだろう

3—1 開発援助の課題

なぜ開発援助をするのか

開発援助に対する関心は、日本ではあまり高くないようです。政府開発援助(ODA)といっても知らない人も少なくないのではないでしょうか。ODAを多少とも知っている人でも、なぜODAを実施するのか理解していない人が大半かもしれません。特に日本経済が長期低迷から抜け出せない状況で、なぜ他の国の援助までしなくてはならないのか疑問に思っている人もいます。「日本にも困っている人たちがいるのに」という人もいますし、ODAは開発コンサルタントに仕事を与えるためと思っている、ひどい人もいます。

「なぜ開発援助をするのか?」と問われて、独立行政法人国際協力機構(JICA)の理事長だった緒方貞子氏は『そこに助けを求める人がいるから』という明快な答えをしました。困っている人を助けるのは当たり前、それは日本人であるか何人であるかにかかわらないという考えです。これは一人一助のＮＧＯの世界を思わせます。実際、緒方理事長のもとでＪＩＣＡはＮＧＯになってしまったと嘆いていた開発コンサルタントもいました。

開発コンサルタントであるならば、一歩踏み込んで「なぜ助けを求める人がいるのか？」と問うべきです。そうすると世の中に存在するさまざまな格差――所得、政治力、情報力等における格差、そしてそれによる社会的弱者の存在に気づきます。社会的弱者とされている人びとや国々を支援すること、これが開発援助についての私の定義です。

貧困は社会問題

社会的弱者とされる人びとはさまざまですが、貧困者とはその象徴的表現と私はとらえています。ここで貧困とは社会問題である、という命題が浮かび上がります。２００１年９月11日にアメリカで起こった同時多発テロの際、「テロの根源を断つために貧困対策が必要」との議論が出ました。これに対して「同時多発テロを仕掛けたウサマ・ビン・ラディンは貧困者ではない。サウジアラビアの裕福な家の出であり、財テクを駆使してテロ資金を作っている」という反論がありました。

テロを貧困に帰すとあたかもテロを擁護しているように聞こえるからか、また一時に多数の人命が奪われたことが、人びとの議論する口を重くしたからか、それ以上議論は深まらなかったようです。貧困を社会問題として論じる機会が活かされなかったのは残念です。

その後、開発コンサルタントの若手に対してセミナーをする機会があったとき、私は「貧困とは最低限の人間的生活をするための所得が不足しているという経済問題というより、社会問題であるという問題意識で、テロの根源を断つために貧困削減が必要との命題を論じよ」という課題を出しました。もちろん貧困は経済問題でもあります。貧困削減のためには経済成長が必要です。しかし経済成長は貧困削減のための必要条件ですが、十分条件ではないのです。

経済成長の波及効果によって貧困削減を図るというアプローチが、1970年代までの世界的な開発援助を通じて破たんしていることは、援助関係者が認識しておくべき重要な教訓です。多くの貧困者は、経済活動を支えるためのさまざまな資源、資金や教育・雇用機会等を入手する道が閉ざされた社会構造のなかで生きているといえます。そのような貧困者には、経済成長が生み出す機会をとらえて活用するすべすらないのです。貧困層に対しては、社会サービスを提供するという必要条件に加え、技能訓練や組織強化、さらにコミュニティ開発によって、資源活用の機会を広げることが必要です。まさに貧困問題とは社会問題なのです。

アフガニスタンは国際社会の弱者国

私は2006年から5年間にわたって、カブール首都圏開発にかかる技術協力に携わり、25回アフガニスタンを訪れました。JICAは「人間の安全保障」を、日本のODA実施を支える理念の一つとしていますが、それは「社会的に弱い立場にある人びと、生命・生活・尊厳が危機に晒されている人びと、あるいはその可能性が高い人びとに焦点を当てる」ことと説明されています。このような援助理念にアフガニスタンほど合致する国はないのではないかと私は思っています。私が日本のODAにおいてアフガニスタン支援を重視してきたのは、アフガニスタンが国際社会の弱者国だと思っているからです。ただし付け加えますと、個々のアフガニスタン人は社会的弱者ではありません。タフな人たちです。

アフガニスタンは、近年の歴史において大国によって翻弄され続けた国です。19世紀から20世紀にかけては、南下政策をとるロシアとインド領を守るために対抗するイギリスが、アフガニスタン争奪戦争を繰り広げました。また1978年の社会主義クーデターに引き続くソ連軍の侵略によって蹂躙され、ソ連軍撤退後の内戦およびタリバン支配は、アメリカの都合によって引き伸ばされた面があります。強力で安定した政権は中央アジア安定化につながるとして、アメリカ合衆国はタリバンを支持していた時期があるのです。

2001年の同時多発テロによって、ようやく国際社会の関心がアフガニスタンに向けられましたが、当時アフガニスタンを支配していたタリバンが、アメリカを標的としてテロを繰り返していたウサマ・ビン・ラディンをかくまっており、それが同時多発テロを可能としたとアメリカは主張し、このことを口実として多国籍軍が組織されました。アメリカの主導による多国籍軍によってタリバン政権は崩壊しましたが、その後の無政府状態によって治安が悪化したわけです。まさしくアフガニスタンは、国としては国際社会における社会的弱者でしょう。

ビル・ゲイツやジョージ・ソロスといった富裕者は、世界的に広く名前で知られていますが、貧困者はその数によって知られるだけです。ウサマ・ビン・ラディンによって皮肉にも、貧困者は初めて世界に知られる名前を得たことになります。

開発援助は政治的判断

開発援助を社会的弱者とされている人びとや国々を支援することととらえると、社会的弱者を生んでいるさまざまな格差の解消に取り組まなくてはならないということになります。格差の根本原因である社会的不正や不公平、利権構造等にいかに対処するかを考えなくてはなりません。したがって開発援助は、政治的判断と無縁ではありえないのです。

開発援助が政治的判断によって実施されていると見るのは、国際社会の常識といってよいでしょう。「貧困や差別、抑圧のある社会」に対して、格差の原因である社会的不正・不公平、利権構造などを、少しでも是正する方向で開発援助をしなくてはならない、と私はいつも考えています。

積極的平和の意味

現行憲法のもとでも集団的自衛権の行使が容認されるものとして、「積極的平和主義」を掲げる新安保法制が導入されました。安倍首相は戦後70年談話のなかで、積極的平和主義の旗を高く掲げ、世界の平和と繁栄にこれまで以上に貢献していくと述べたわけです。同談話の英訳において、積極的平和主義は、"proactive contribution to peace"と表現されています。これは「一国平和主義」との対比によって説明され、日本が憲法に沿って戦争をしないだけでは、世界平和は実現されないだけでなく、日本の安全も保障できないとの認識によっています。

これに対して、平和学の研究者や紛争地での人道支援に携わっているNGOなどから、積極的平和の意味が違うと異論が出されてきました。積極的平和とは平和学の概念で、「消極的平和」の反対を指します。「消極的平和」が単に戦争や紛争のない状態であるのに対して、「積極的平和」の状態とは、戦争や紛争の原因となる貧困や差別、抑圧のない状態をいうのです。貧困や差別、抑圧のある社会は、たとえ戦争や紛争が発生していなくても暴力が構造的に組み込まれた社会であるということです。先に示した私の考えでは、「積極的平和」の文脈で表現するならば、積極的平和の構築に貢献することこそ、開発援助の役割だということになります。

「積極的平和主義」の危険性

一方、日本の新安保法制の文脈における積極的平和主義とは、米国を中心とする軍事による紛争防止体制に積極的貢献をすることによって、日本に対する攻撃への抑止力を高めることを意味するといってよいでしょう。後者の意味の積極的平和主義が、前者の開発援助による積極的平和への貢献に、いかなる影響を与えるか、意識しないわけにはいかないと、私は論じたことがあります(『国際開発ジャーナル』2016年1月号)。つまり積極的平和主義を国際社会に対して宣言することによって、積極的平和のための地道な援助活動をしている人たちに対するリスクが増大するということです。

この懸念は、2016年7月に発生したバングラデシュのテロ事件によって最悪の形で現実となってしまいました。前述の記事において、私は「そのリスクを低下させ援助効果を高めるために、本来の意味の積極的平和に貢献する開発援助を推進する意図を国際社会に明確に宣言し、実践すべきである」と提案しましたが、そのような宣言が行われたことはありません。あるいはある程度リスクが高まるのは仕方ないとの判断もありえたかもしれません。その場合は、リスクを下げるためにできる安全対策をしなくてはいけなかったでしょう。事実は、事が起こってから初めてリスクを下げる対策が取られるようになったわけです。

何が国益かを問うこと

先に開発援助が政治的判断によって実施されていると見るのは、国際社会の常識といいました。国益を離れてODAはないというのは、当たり前すぎてむしろ陳腐です。大切なのは、何が国益かを問うことではないでしょうか。ODA事業によって日本企業の海外進出が促進されることや、開発途上国の経済発展によって貿易が拡大すること、これらを国益だととらえる向きもあるでしょう。しかし私は、究極的には相手国の役に立つことこそが国益だととらえています。まさに「情けは人の為ならず」ということです。

一般的に中東諸国において日本に対する評価が高いのは、日本がこの地域において歴史的に利権に手を汚していないことに加え、国際協力機構（JICA）の技術協力によるところも大きいと私は感じています。日本のODAゆえに、日本に対する評価が高いのは何も中東に限ったことではありません。実際、東日本大震災に際して、多くの国々から復興支援が寄せられましたが、そのなかには多数の開発途上国が含まれていたことは、心にとどめるべきことでしょう。

なぜ日本に助けを求めるのか

「なぜ助けを求める人がいるのか？」との問いかけに対して、世の中には貧困や差別、抑圧に起因するさまざまな格差があるから、というのは現象を論じているだけです。格差は社会的構造によって生み出され維持されている、というのが本質的とらえ方でしょう。貧困や差別、抑圧のある社会は、たとえ戦争や紛争が発生していなくても暴力が構造的に組み込まれた社会であり、このような状況がない積極的平和に貢献することが、私の考える開発援助の役割です。このような認識によれば「なぜ日本に助けを求めるのか？」という問いに対して答えるうえで、迷いがなくなるでしょう。

ひるがえってこの問いを裏返すと、「他の国には助けを求めたくない」ということになります。開発援助が政治的判断と無縁ではありえないならば、特定の政治的判断に与したくないから「他の国には助けを求めたくない」というのは十分に理解できることでしょう。開発援助を受けることによって、政治的取引に不利となるような負い目が生じるのは望ましくない、と途上国が考えたとしても不思議はありません。

もう一つ日本に助けを求める心の中には、日本および日本人に対するあこがれのようなものがあると私は思います。日本人が持っている高い技術力、それ以前に良心的で誠実・勤勉と表現される日本人のよさ、これらが合わさって実現してきた経済的成功に対するあこがれのようなものです。このような心には、政治的駆け引きは容易に入り込んでこないでしょう。

「なぜ日本に助けを求めるのか?」という問いに迷いのない答えができるよう、日本の政府開発援助(ODA)について理念を確立していくことが重要だと思います。

3–2 日本のODAの理念

戦略的外交の一環としてのODA

国益を離れてODAはないということを認識するならば、戦略的外交の一環としてのODAというとらえ方はごく自然なものとなります。国益を推進するのが戦略的外交です。すでに述べたように、相手国のためになることそのものを日本の国益と考えるべきだと私は思います。それによって「なぜ日本に助けを求めるのか？」という問いに迷いのない答えをすることができます。

このような考え方は、国際社会の厳しい現実を知らないナイーブな理想論と考える人もいるでしょうが、そうではありません。開発の政治的側面に対して無頓着であってよいということではありません。むしろ開発の政治的側面に配慮して、社会的不正や不公平を少しでも正す方向性を持って開発援助をすべきだということです。誤解を恐れずあえていうならば、開発援助は国際的な正義の実践であるべきです。

今後も経済面のみならず、環境・社会面も含めて、日本の国際貢献の重要な手段として、戦略的外交の一環としてODAを活用すべきです。このことに対する基本的認識と幅広い合意が国民のなかにあることが重要で、これは改憲論の重要な主題だと私は思っています。

「質の高いインフラ支援」の意味

国益のためのODAのわかりやすい表現として近年、「質の高いインフラ輸出」がうたわれています。外務省国際協力局の「平成29年度開発協力重点方針」によると、以下のように説明されています。
「新興国・開発途上国の膨大なインフラ需要と市場の急成長に対応し、日本の技術・経験を活かした都市インフラ開発協力、ノウハウを持つ日本企業による施設建設から運営・維持管理を含む事業、日本企業の対外直接投資の促進につながる法制度整備等のビジネス環境整備等を支援する」

この重点方針の背景としては、アジア諸国が自立して経済発展を遂げることによって、日本の支援の必要性が少なくなり貢献度が相対的に低下するとともに、日本経済の低迷によって支援する余裕が少なくなってきている現状があります。その間隙を縫って、中国が影響力を拡大しつつあり、アジアインフラ投資銀行(AIIB)の設立はその象徴といってよいでしょう。国内的には、ODAによって日本企業の対外直接投資が促進されるという「国益」を強調する配慮があり、対外的には中国に対抗する意図があるといってよいでしょう。

右の重点方針における「質の高いインフラ」とは、各種インフラ整備の優先度判断や個々のインフラ施設の計画・設計が優れていること、建設にとどまらず管理・運営にまで配慮すること、優先度判断や計画・設計に現地条件を反映し相手国にとっての質が高いこと、これらによって保証されるインフラでしょう。このような意味での質の高さは、結局のところソフト・ハード合わせた技術によってのみ保証されるものであり、間違いなくここにこそ日本の優位性があるといえます。

質の高い技術協力

質の高いインフラ輸出には、ときとして異論があるかもしれません。しかし質の高い技術協力については、議論の余地がないでしょう。途上国はいうに及ばず他の先進国と比べても、日本人技術者は「高い」といわれています。同じ技術に対して技術報酬額が大きいということです。しかし技術は属人的なものであり、「同じ技術」という表現は正確さを欠くでしょう。相手側の立場に立って、自分の持つ技術を相手方に最も役に立つように誠意をもって提供すること、質の高い技術協力の意味はそういうことではないでしょうか。

報酬が少し高いけれど質の高い技術を提供することに、日本の独自性を求めるべきだと私は思います。そのためには、エンジニアリングに代表されるハード技術に加えて、ハード技術を活かすためのソフト技術、さらには相手方に最も役に立つように努力する誠意ある姿勢が重要でしょう。この点については、日本には固有の優位性があると私は思っています。

欧米の援助機関職員や開発コンサルタントは、ともすれば高みに立って教えを垂れる趣がありますが、日本人は途上国の人びとと同じ地面に立ち同じ目線で課題を見て、一緒に解決策を模索する傾向が強いといえます。私はこれを日本型開発コンサルティングと呼び、日本がもっと国際社会にアピールすべきものと考えています。

援助理念の確立

日本のODAにおいて、援助理念の確立は旧くて新しい課題です。日本のODAの歴史は援助理念模索の歴史といってもよいでしょう。模索してきたということは、一貫した理念はなかったということです。世界経済の状況や日本の位置づけ等の時代背景を反映して、援助理念が変化することは、必ずしも悪いことではありません。最近ではテロ等による治安状況の悪化も、援助に対する考え方に影響するでしょう。しかし今後激変する世界秩序のなかで、日本としてできれば一貫した援助理念を確立してほしいと思います。

1992年に閣議決定されたODA大綱は2003年に改定されましたが、それ以来の改定が2015年2月10日に閣議決定され、その名称も開発協力大綱と変更されました。

ODA大綱

もともとのODA大綱は、途上国の安定と発展が世界の平和と繁栄に不可欠という意味で、国際社会の相互依存関係を認識したうえで、途上国の自助努力を支援するとの基本理念を掲げていました。その理念のもとで、以下の原則によって実施するとされていました。

❶環境と開発を両立させる。
❷軍事的用途および国際紛争助長への使用を回避する。
❸国際平和と安定を維持・強化するとともに、途上国はその国内資源を自国の経済社会開発のために適正かつ優先的に配分すべきであるとの観点から、途上国の軍事支出、大量破壊兵器・ミサイルの開発・製造、武器の輸出入等の動向に十分注意を払う。
❹途上国における民主化の促進、市場指向型経済導入の努力ならびに基本的人権および自由の保障状況に十分注意を払う。

2003年のODA大綱改定は、冷戦後のグローバル化の進展、格差や民族・宗教対立の表面化、感染症や地球温暖化等の新しい課題に対処するために、ODAの戦略性、機動性、透明性、効率性を高めるとともに、幅広い国民参加を促進し、日本のODAに対する内外の理解を深めるために実施されたと説明されます。

途上国の自助努力支援という原則は維持していますが、新たに「人間の安全保障」という視点が導入され、社会的弱者の状況、途上国における貧富の格差および地域格差を考慮するとともに、ODAの実施が開発途上国の環境や社会面に与える影響などに十分注意を払い、公平性の確保を図ることがうたわれています。さらに幅広い国民参加を日本の経験と知見の活用と表現し、国際社会における協調と連携として特に国際機関の活用およびアジアなどの先進途上国との南南協力を打ち出しています。

開発協力大綱

新しい開発協力大綱は、テロや地域紛争の多発に見られる安全保障環境の変化や、中国をはじめとする新興開発途上国の台頭による国際秩序の変化を背景として、より戦略的に国益の確保を追求することを意図したものといえます。前節で述べた積極的平和主義や、2013年に閣議決定した「国家安全保障戦略」の内容を反映したものです。民主化や法制度整備、人権分野での支援にODAを積極的に活用するとした安保戦略を受け、新大綱では自由や民主主義といった「普遍的価値の共有」を対外協力の重点課題とし、国連平和維持活動(PKO)との連携についても触れています。

これまでの大綱による「軍事的用途および国際紛争助長への使用を回避する」原則は維持しつつ、災害時の救助活動や復興、物資の提供といった人道支援で軍の役割は無視できないとして、非軍事分野での他国軍への支援を明記しています。これまで原則として支援対象ではなかった一人当たりの所得が一定水準以上の国に対しても、「各国の開発ニーズの実態や負担能力に応じて必要な協力を行っていく」としています。さらに途上国への開発資金の流れで民間資金が公的資金を上回るようになっていることを受けて、民間投資との連携をうたっています。

積極的平和主義と積極的平和への貢献

新しい開発協力大綱は、積極的平和主義や国家安全保障戦略の内容を色濃く反映したものになっているといってよいでしょう。それ自体決して悪いこととは私は思いません。しかし私がODAの目的と考える積極的平和の構築への貢献は、どこに行ってしまったのでしょうか。

抑圧、貧困、差別など構造的暴力のない状態を積極的平和というのに対して、積極的平和主義は意味が違うとの批判がありました。これに対してJICAの北岡理事長は「安倍内閣が唱えた積極的平和主義には、最初からそういう意味はなく、的外れの批判だ」と明言されています(読売新聞、2017年4月16日朝刊)。ということは、積極的平和主義は積極的平和への貢献を目指すＯＤＡとは関係ないということになります。積極的平和主義は、「力による平和」への貢献という方が、意味がはっきりするでしょう。

積極的平和主義は、日本のＯＤＡの理念や目的が何かという問いかけに対する答えにはなりません。現在掲げられている開発協力方針ではっきりしているのは、「質の高いインフラ整備」と「持続可能な開発目的（ＳＤＧｓ）への貢献」です。前者は、前節で述べたように質の高い技術協力にカギがありますが、「質が高い」ということの意味を吟味して、相手国のためになるための協力姿勢を理念として確立する必要があると思います。

後者は、国際社会に対する責任として追及する必要がありますが、その意味を深く問いその解釈のなかに日本人の心を込める必要があります。欧米の援助機関から導入された「新しい開発概念」を、表面的に踏襲することは、もうやめにすべきです。単に世界の大勢に合わせるのではなく、日本としていかに独自の国際貢献をすべきか、という本講義の主題は当然ＯＤＡにも当てはまります。

3-3　技術協力の役割

技術協力と技術革新

すでに述べたように、文化・社会を離れて技術革新はありえません。したがって文化・社会の異なる国や地域に対して技術協力をすることは、必ず技術革新を伴うはずです。つまり単なる技術移転はありえないのです。

技術革新を伴う技術協力は、相手国側の文化・社会の発展を支えるといえるでしょう。このことに気づくことによって、先進国側でも自らの文化・社会に対する認識が深まるでしょう。これは他の文化・社会を尊重することにつながります。また技術革新によって、もともと先進国で生まれた技術の普遍性が高まることにもなります。したがって技術協力は相互的なものであり、決して技術移転という一方通行のものではありえないのです。

前節で論じた開発援助の役割の文脈において、技術協力の役割とは格差の是正に貢献することというべきでしょう。これが私の定義です。格差の是正といっても、平準化ということではありません。どんな意味においても、世の中から格差がなくなることはありえないでしょう。「格差を是正する」という方向性が重要なのです。

これからの技術協力

これからの技術協力について、主として技術革新の観点から方向性を示唆したいと思います。まずすでに述べたことですが、先進国の技術を途上国に導入するうえでは、対象となる途上国のローカル条件を反映した技術の適正化が必要です。これは一種の技術革新であり、技術の普遍化につながります。この意味で技術革新を伴う技術協力は、先進国にとっても利益となりえます。

途上国において厳しい開発ニーズがあることが、技術革新の契機になりえます。たとえば中国において、石炭火力発電所等から排出される二酸化硫黄（SO_2）によって、酸性雨という公害があったとします。SO_2 を除去して石膏（$CaSO_4$）を作り、これをアルカリ土壌の改善に活用することができます。つまり酸性雨という公害と、アルカリ土壌という環境問題を同時に解決する技術を開発することができるということです。このような技術を新原理技術と呼んでいます（定方正毅『中国で環境問題にとりくむ』岩波新書、２０００年）。

今後の途上国の発展および開発援助における技術革新や先端技術の必要性は、特殊なことではありません。地球規模で人類全体にかかる課題は、途上国に先鋭的に現れています。これに対して、途上国の課題解決のために「先端技術」を適用する必要性が高まっているといえます。

先端技術を途上国に適用するうえでは、社会・文化を含む現地の事情に適合させるための技術革新が必要です。

あとに詳しく論じる代替社会経済を支える適正(中間)技術も、途上国の開発ニーズに即して開発されるものです。中国の事例では、アルカリ土壌の改良によって農業生産性が向上します。このような経済発展にも資する環境技術を「生産型環境技術」と呼んでいますが、一種の中間技術です。

先進国で失われつつある技術を途上国で継承し発展させて、ひょっとしたら先進国に逆技術移転する可能性もある、と私は考えています。卑近な例をあげると、時計等の修理技術があります。多くの途上国では百円ライターですら使い捨てではなく、ガスを再充填して継続利用する場合があります。ニーズがあり経済的に成り立つからです。将来ある種の修理技術が先進国で必要となった場合、途上国においてそれが継承されていれば、先進国に逆技術移転されることもありえるでしょう。

蛇籠や上総掘りのような日本の伝統的治水・利水技術も、継承が容易ではないかもしれません。上総掘りについては日本人から技術移転を受けて継承しているフィリピン人技術者がいて、アフリカで技術協力に携わっていると聞いたことがあります。和紙技術もフィリピン人に継承してもらい、さらに芸術的センスのあるフィリピン人に和紙アートを世界的に発信してもらうことを期待しています。和紙アートを、人にやさしく環境にやさしい技術の象徴として日本人とフィリピン人が協力して世界に発信すればもっとよいと思います。

ＪＩＣＡの北岡理事長は、ＯＤＡの優先分野として「日本は日本の得意分野で勝負するのがよい」といわれていますが、全く同感です。革新的な技術協力において、日本が優位性を持つ根拠がある、と私は思っています。詳細はおいおいご説明していきますが、日本は、優れた自然観・宇宙観に基づく技術観、および持続可能な発展を支える先端技術の優位性を持っている、と私は考えています。

このような技術観や優位性を活かして、ＯＤＡによる技術協力を実施していくことが、これからの技術協力において最も重要と考えています。そのためには途上国との共同技術研究開発が必要です。異なる文化・社会を持つ途上国との共同技術研究開発は、文化の学び合いであり、これからの技術協力において最も重要と私が考えるゆえんです。

第4章

これからの技術革新はどこに向かうのだろう

4-1 技術革新と技術協力

技術革新のもう一つの定義

2-3節でシュンペーターによる技術革新=新結合について論じました。ここではまず技術革新のもう一つの定義を紹介しましょう。技術革新とは「新しい製品や生産方式を成功裏に導入すること」であると定義されます(後藤晃『日本経済とイノベーション』岩波書店、2000年)。シュンペーターの新結合の定義より狭い、生産技術や製品の新しさにつき技術革新を定義しており、その限りにおいてわかりやすい定義でしょう。常識通りの定義と感じられるかもしれません。

「成功裏に」というのが、この定義の要です。当たり前に思えるかもしれませんが、成功裏にとは新しい生産方式による新しい製品がマーケタブルである、つまり「売れる」ということです。世の中には売れない「新結合」もあります。ずいぶん前のことですが、和歌山県のウメと中国山東省のハチミツを組み合わせて、新しいお菓子を作る話を聞いたことがあります。この新しいお菓子が売れたなら、それは新製品として成功したということであり、その生産技術あるいはそのもとにある発想は革新的といってよいでしょう。逆に売れなかったならば、新しい生産方式は技術革新とはいえないということです。

売れるとはどういうことでしょうか。それは「喜ぶ人がいる」ということです。「人は喜びに対して金を払う」というのは真実でしょう。それならば「誰が喜ぶか」と問うことが重要です。

イラク戦争の教訓

イラク戦争の際、建物を壊さないで人だけを殺傷する新爆弾の話を聞いたことがあります。遠隔操作によって自らは危険を冒さず相手国側を攻撃する爆撃機は、イラク戦争以来アメリカ軍によって広く使われるようになりました。これらは確かに技術革新です。技術革新であるならば、それを「誰が喜ぶか」と問わなければいけません。当時のブッシュ大統領はこのような軍事的技術革新を喜んだでしょうが、イラク国民は当然喜びません。

技術は本来中立です。使い方によってよい効果も悪い効果も生じうるものです。しかし技術革新は中立とはいえません。誰が喜ぶ技術革新かを問うことが必要なゆえんです。技術革新といっても新しいものがなんでもよいわけではありません。「何のため」「誰のため」と問うのが人類の英知というものです。これは特に先端で起こる技術開発において重要なことです。

産業革命と21世紀型開発

近代的な意味の技術革新は、産業革命の契機として論じられます。ブリタニカ国際大百科事典には、産業革命について以下の記述があります。

「通常は18世紀後半から19世紀前半にかけてイギリスにおける技術革新に伴う産業上の諸変革、特に手工業生産から工場制生産への変革と、それによる経済・社会構造の大変革を産業革命と呼ぶ。広義にはこのイギリスにおける産業革命が19世紀から20世紀初頭にかけて他の欧米諸国や日本に波及したので、特にイギリスに限らず資本主義確立期にみられる生産技術、社会構造上の大変革一般の意味として用いられる」

産業革命を契機として、人類史上例を見ない高度経済成長の時代が始まり、先進諸国では20世紀に極致に達したといってよいでしょう。それは産業革命に由来する先進国の技術体系に支えられた経済発展であり、基本的に資源多消費型で経済効率志向の発展です。それは化石資源をエネルギー源とし、機械化による大量生産によって特徴づけられます。これを私は20世紀型開発と呼んでいます。

このような20世紀型開発が、今日の環境・社会問題を生じたことは、いまや間違いありません。この開発モデルは、いわば「イイとこ取り」が特徴です。化石燃料を大量に使いながら、その結果生じる二酸化炭素(CO_2)排出には知らん振りです。付加価値の高い資源利用に注力して製品化し大量生産して、他の利用方法は顧みられず廃棄物を増大させます。これらがさまざまな環境問題を生じてきました。

社会面では、技術による人間疎外が広がりました。技術の高度化および専門分化、機械化の推進によって、人間が機械に従属し、人間の行為が部品のような役割となってしまいました。技術革新が都市機能の向上をもたらし経済効率を高め、都市の生活環境が改善された面もありますが、都市への人口と経済活動の集中による弊害も生じてきました。技術革新が農業の生産性を高めたのは確かですが、その結果農村域での労働力が過剰となり、都市への移住が進みました。20世紀型開発の一側面は急速な都市化です。その最も大きな弊害は、個人の集団への埋没や技術や機械に対する人間の従属による社会的疎外です。

適正技術と代替社会経済

先進国が追求してきた20世紀型開発モデルを支える技術体系を途上国が引き継ぐことは、これらの環境・社会問題を拡大生産することにしかなりません。これでは地球が持ちません。人類には展望がなくなります。20世紀型開発モデルに代わる、開発モデルが必要であることはあきらかです。私はこれを代替社会経済と呼んでいます。

技術を途上国の経済的および文化・社会的条件のなかでとらえ選択して、技術革新によって途上国の条件に適合させて、「適正技術」の体系によって代替社会経済を形成していくべきです。途上国の経済的および文化・社会的条件は、技術面では伝統技術に反映しているはずで、そこには人間の技術への従属はなく、人が部品ではなく主体であるでしょう。したがって適正技術の体系を形成していくためには、伝統技術から学び先端技術との適合を図る必要があります。そのような技術体系を形成するためには、途上国との共同技術研究開発が必要です。

4-2　力の文明 vs. 美の文明

川勝平太氏の文明論

川勝平太氏は静岡県知事としてすっかり政治家になってしまわれたかのようですが、20世紀の文明の位置づけについて独自の論考を展開した経済学者です。その代表的な論考として、力の文明と美の文明を対比した文明論があります。2001年に出版された『海洋連邦論――地球をガーデンアイランズに』を読んでから、力の文明と美の文明との対比は、私のなかで定着しているのですが、氏の著書においてはこの対比が深く論じられているわけではありません。

同書のプロローグで、海から見た日本とイギリスの近代化が対比して論じられています。日本が「海洋中国」から、イギリスは「海洋イスラム」からの圧倒的影響を退けるために、それぞれ生産革命を起こしたというとらえ方は、世界秩序の構造において現在とのつながりを感じさせます。そしてイギリスの生産革命は産業革命（industrial revolution）という形を取り、日本の生産革命は勤勉革命（industrious revolution）という形を取ったと論じられています。

「イギリスは、広い環大西洋圏を自分の植民地とし、同時に労働力の不足を補うために機械を発明して資本集約的な生産方式を編みだし、労働生産性を世界一の水準に引き上げた。一方、日本は狭い日本列島のなかで土地の不足を補うために労働を多投して労働集約的な生産方法を編みだし、土地生産性を世界一の水準に引き上げた」

日本は開国後、勤勉革命による優位性を産業革命による技術で強化して、圧倒的な経済力を持ってアジアでの競争に勝ち抜き、アジアの海に勢力を広げたと論じられています。その結果日本は、西洋諸国とアジアの資源と市場を取り合い、結局は敗れたということでしょう。この歴史的事実を、川勝氏は日本が倣った西洋近代の「強兵化」路線は必ず破たんするという証左であると論じています。「力の文明」の破たんということです。

「近代西洋文明の特徴は、生産力と軍事力によってアジアの海を支配した『力の文明』である。幕末・明治の日本人は、西洋諸国を列強と呼び、列強の一員となって万国に対峙するために富国強兵を国策とし、日本もまたアジアの海を力によって支配しようとした。(中略)

新しい文明、それは暴力や威嚇を持つ『力の文明』というよりも、魅力と感動をはらむ『美の文明』になるに違いない」

「力の文明」から「美の文明」への移行について、川勝氏は具体的な根拠も方法も示していません。「美の文明」になる理由として、「人類を生んだ地球が美しいからである」と述べるにとどまっています。その後『「美の文明」を作る――「力の文明」を超えて』(ちくま新書、2002

年)で、「美の文明」にかかる現象をいくつかの面について論じています。

力の文明と美の文明についての私の解釈

川勝氏の文明論を契機として、力の文明と美の文明について私なりの解釈をしてきました。力の文明(power civilization)は、物理的な力(force)によって影響を外縁的に拡大して築かれてきた文明です。かつてイギリスが強大な軍事力を背景として植民地を拡大したのが、歴史上の典型的な事例です。

植民地においては、イギリス本国と同様にアフタヌーンティーやガーデニングの慣習が導入されました。そもそもは植民地に住むイギリス人が自分たちのために導入した慣習でしょうが、現地人にも受け入れられイギリスの植民地だった国々ではいまでもこのような慣習が行われています。イギリスが導入した慣習を現地の人たちも楽しんで行っていると思われ、これをもってイギリス文明を享受しているといってよいのかもしれません。しかしそれが力の文明による支配の結果であることには変わりがありません。

力の文明に対して美の文明が定義されるわけですが、これを私はgrace civilizationと名づけました。Graceとは英和辞典によれば「美質」「優雅」「洗練」等の意味です。また「神の恩寵」

といった意味もあります。三島由紀夫の『午後の曳航』という長編小説がありますが、その英語タイトルは“The Sailor Who Fall from Grace with Sea”となっています。“Fall from Grace”とは神の恩寵を失うといった意味です。小説の主役である少年にとって「海の英雄」であった主人公が、「父」となることによって神の恩寵を失って悲劇的結末となります。Graceとは、要するに神がかった美しさといったイメージといってよいかもしれません。

さて力の文明(power civilization)が物理的な力によって、影響を外縁的に拡大するのに対して、美の文明(grace civilization)はあこがれによって、影響を外縁的に拡大します。あこがれとはadorationです。素晴らしい人を見ると、誰でも自分もあんなふうになりたいと感じるでしょう。それがあこがれです。他の人がよいモノを持っているのを見たら、自分も欲しいと思うでしょうし、それを自分で作る人も出てくるでしょう。そのようなあこがれによって影響を拡大することにより築かれるのが、美の文明です。

美の文明の創造

もう一度川勝平太氏に立ち戻りましょう。これからの時代の趨勢は文化の交流であるとして川勝氏は、日本はあこがれられる文化を世界に発信するのが得策であると述べています。

「文化は相手に強制するものではない。暴力と威嚇ではなく、魅力と感動が文化の勝負どころである。人びとにあこがれられる美しい島国ガーデンアイランズの創造、これこそが美しい地球(グローブ)のもつ固有の力(パワー)、すなわちグローバル・パワーなのではあるまいか。富国強兵の『力の文明』の時代は、冷戦の終結とともに、終焉した。二十一世紀の日本の立てるべきグローバル・ストラテジー(地球戦略)ははっきりしているのである。それは『美の文明』の創造である」

世界的なテロ等の治安上の脅威にさらされている現状を考えると、事はそう簡単ではないと思いますが、大きな方向性としては、私は川勝氏のいわれることに賛成です。要は、そのためにどうすればよいのかが問われます。

4-3　これからの技術革新と技術協力

人にやさしい技術

力の文明と美の文明という文脈で技術革新を見るとどうなるでしょうか。人にやさしい技術革新は美の文明に貢献し、人を不幸にする技術革新は力の文明に貢献する、というのが私のとらえ方です。先に述べたように、イラク戦争でブッシュ大統領が喜ぶような新爆弾や無人爆撃機といった技術革新は、力の文明に貢献します。人にやさしい技術革新こそ、日本の得意技であり、日本が国際社会に対して貢献すべきことである、というのが私の考えです。このように考える必然性や根拠が確かにあります。

人にやさしい技術革新の例として、麻酔技術があります。人に痛みを与えないで手術をすることを可能にするという意味で、人にやさしいといえるでしょう。西洋においては、1846年にアメリカでウィリアム・T・G・モートンが行ったジエチルエーテルによる手術が、世界初の全身麻酔手術であるとされています。しかし実は、それより40年余り前1804年に、華岡青洲が全身麻酔手術に成功しています。

現在一般的になっている人にやさしい技術としては、医療分野では胃カメラやエコー診断、また広い分野で活用されているロボット技術があります。胃カメラやエコー診断は、人になるべく痛みを与えないで検査をする技術ですから、人にやさしい技術です。福島第一原子力発電所の廃屋内も含めて、人が立ち入りにくい、あるいは立ち入るのが危険な場所で、人に代わって作業をする各種ロボットも、人にやさしい技術の代表です。

以上の例をはじめとして、人にやさしい技術のほとんどすべてについて、日本は真っ先に技術革新に貢献したかあるいは世界最先端の技術を持っています。これは偶然ではありえません。人にやさしい技術は、日本文化に深く根差しており、それは日本人の優れた自然観・宇宙観によるものと私は考えています。

分析する文化、統合する文化

もう一つ別の見方として、分析する文化と統合する文化という二分法があるでしょう。美の文明は感性によって支えられるといえるでしょう。よりよいモノについて統合的なとらえ方をするといってよいでしょう。一方、力の文明が生み出す機械類は理性の産物といえるかもしれません。求められる機能に対して、それを実現する要素とその組み合わせを分析して生み出されるのが機械類です。

この二分法は、西洋文化と東洋文化というとらえ方と重なります。分析する文化は「切る」文化であり理性によって支えられ、統合する文化は「つなぐ」文化であり感性によって支えられる、と私はとらえています(図4-1)。

よく論じられる典型的な例は、医学でしょう。西洋医学は、病気の原因を分析し要素に分解

図4-1　文化の二分法：分析する文化 vs. 統合する文化

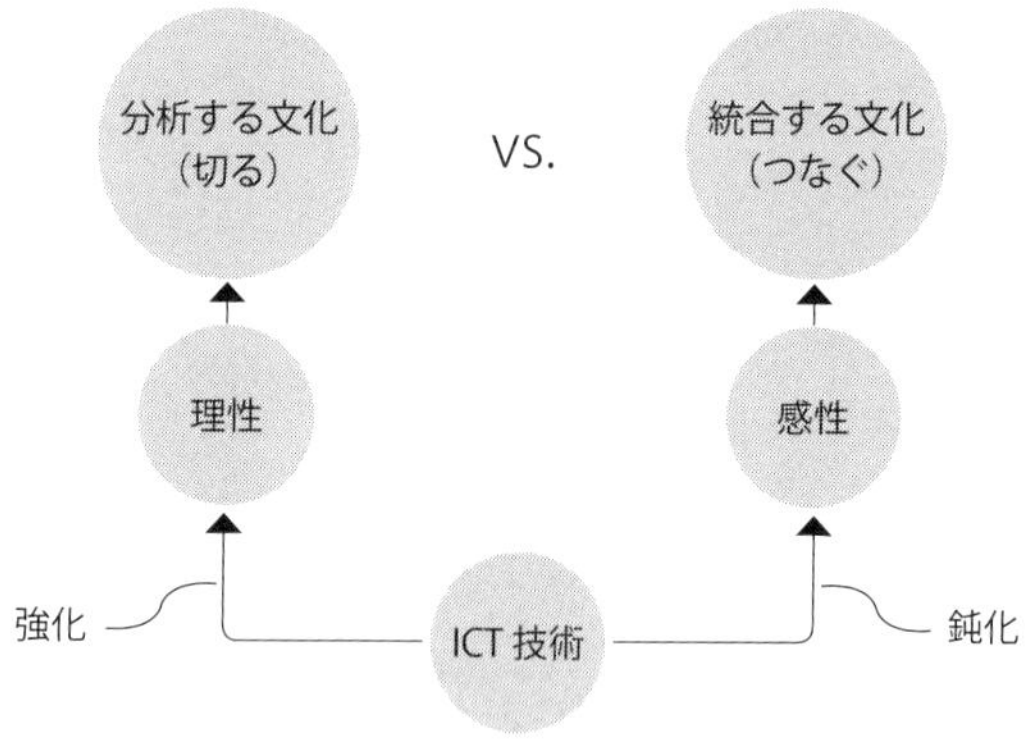

して要素間の関係を記述します。それに基づいて、処方は要素に化学物質によって働きかける対症療法あるいは悪い要素を切り取る手術です。東洋医学は、体を経絡と経穴《ツボ》の統合ととらえ、そのなかの血液や体液あるいは気の流れの滞りが不調を生むとして、流れを全体として整える処方を取ります。

最近のＩＣＴ技術は理性を強化する傾向があり、感性を鈍化させる傾向があるというのが、私が抱いている懸念です。感性が鈍化することによって、人にやさしい技術革新を生み出す能力が低下する可能性を懸念しています。そうならないためにはどうしたらよいでしょう。

美の文明を築く条件

人間活動のすべての分野にＩＣＴ技術が活かされ

る時代です。これを否定しても明るい未来を描くことはできません。感性によって支えられる美の文明に日本人が貢献し続けるためには、ＩＣＴ技術が感性を鈍化させないようにする必要があります。一つの方法はＩＣＴ技術を、感性を磨くことに活用することではないかと思います。

たとえば、ｉＰｏｄは高音質の音楽を世界中で簡便に楽しむことを可能にしました。世界最高の音楽を耳にしながら同時に、自分の音楽を創造することができます。地球の反対側にいるミュージシャン同士がコラボレーションをすることが可能になっています。どこかの証券会社のコマーシャルにありましたが、異なる場所にいる複数のミュージシャンがリアルタイムで共同演奏することも可能でしょう。

ＩＣＴ技術によって、いわゆるキュレーションあるいはキュレーターの役割が高められます。キュレーターというと、日本では学芸員と訳され、博物館などで展示品の整理や解説をする人の意味が強くなります。ＩＴ用語辞典によると、キュレーションとはＩＴ用語としては、人手で情報やコンテンツを収集・整理し、それによって新たな価値や意味を付与して共有することであるとあります。

たとえば美術展を企画する場合、従来ならばアーティストあるいはテーマによって、ある美術館の守備範囲に一定以上の愛好者がいることが、企画が成功する条件になります。物理的にその美術館に来られないと、美術展を楽しむことはできません。しかしICT技術を活用すると、世界の隅々にいるマニアックな愛好者を糾合することができるでしょう。美術展やコンサートを鑑賞するツアーと組み合わせて企画展を成功させることができるかもしれません。さらにテーマやアーティストを組み合わせることによって、新しい市場を作り出すこともできるでしょう。

美の文明を支えるのは人にやさしい技術革新であるとしても、美の文明を築き上げるためには、多くの人びとに働きかける必要があります。そのことによって力の文明ではなく、美の文明が世界を繁栄に導くことができるかもしれません。美の文明に貢献するためには、それなりの力が必要です。

その力は、一つには情報力です。情報社会といわれ、あふれる情報を誰もがインターネットで自由に入手し利用できるように思えます。情報を発信している人は、何らかの自分の目的のために発信しているはずです。そこには当然偏向があります。あらゆる情報には偏向があると考えるべきです。膨大な情報の流れのなかにいるということは、いわば情報戦争に巻き込まれているということです。あふれる情報を享受しているといっても、情報の受け手にとどまっている限り「あなたは社会的弱者」なのです。

情報を主体的に発信できるようになってはじめて、社会的弱者の地位から脱することができるのです。情報に力を与えるのは思想です。主体的な情報発信が広く人びとに伝わるためには、またそのことによってよりよい考えややり方が受け入れられ社会に広がるためには、思想が必要なのです。そしてその思想に強さを与えるのは多分宗教でしょう。ここに日本および日本人が、これからの世界において美の文明に貢献し続けるためのカギがあると私は考えています。

第5章

新しい開発モデルはなぜ必要なのだろう

5−1　20世紀型開発モデルの限界

資源の有限性

1−2節で、先進国において、持続可能な発展のための技術革新が起きると期待することができるか、という問いかけを私自身にしました。そして持続可能な発展のためには、途上国において技術革新が起きて、それが先進国に移転されることが必要なのではないか、と私は考えてみました。さらに先進国が途上国支援の一環として、持続可能な発展のための技術革新に共同で取り組むべきではないのか、との考えが出てきました。なぜそのように考えるか、もう少し具体的にご説明します。

先進国がたどってきた経済発展は、基本的に資源集約型で経済効率志向です。これを私は20世紀型開発と呼んでいます。資源集約型とは資源多消費型ということです。あらゆる資源は有限ですから、このやり方は資源枯渇を速めていることになります。経済効率によって限られた資源の効率的利用を目指すことは必要ですが、資源消費を伴わない経済発展、あるいは少なくとも資源消費が極端に少ない生活を実現するための画期的な技術革新などというものはありえません。

そのようなものに漠然と期待するのではなく、いまわれわれができることをしようと考えたとき、何ができるでしょうか。それはわれわれ一人ひとりが資源消費を減らすことでしょう。現在豊かな生活を享受している人にとって、それは生活水準を下げることを意味します。豊かな先進国の人たちが、自主的に生活水準を下げることが期待できるでしょうか。途上国の人たちに先進国とは違う発展を目指して、極力資源消費を抑えること、その成功事例を示して先進国にも参考にしてもらうこと、この方が私には現実的に思えます。

経済効率についての正しい問いかけ

次に経済効率について考えてみましょう。経済効率とは、限られた資源の有効利用のことですから、これを否定してもよい未来は描けません。経済効率志向一辺倒でよいのか、というのが正しい問いかけです。効率性と公平性が対峙して論じられます。効率性は資源の有効利用にかかわります。公平性は、その結果の配分が適切かどうかにかかわります。そして効率性の追求は、結果の公平性を保証しません。

資源利用者が追求する経済効率は、資源の有効利用のための必要条件です。ただし、その資源利用に社会的に適切なコストが反映していることが、前提として必要です。たとえば鉱物資源を活用する際、精鉱をしたあとに残る鉱滓や加工の過程で発生する大気や水質の汚染物質による環境コストは、必ずしも資源利用のコストに反映されません。経済効率の追求は、「イイとこ取り」によって廃棄物等による環境コストの増大を伴いがちです。

資源を保有している人、利権者や資本家は効率性を追求します。それ以外の一般の人の生活にかかるのは、結果としての配分の公平性です。前者は概して政治的発言権の強い人であり、後者は概して発言権の弱い、いわゆるサイレントマジョリティ(声なき大衆)です。国に当てはめれば、前者は先進国であり、後者は途上国です。さらに経済効率の追求に伴う環境コストは、必ずしも資源保有者は負担せず、市民や一般社会にツケが回されます。

持続可能な発展のためには、資源集約型で経済効率志向の20世紀型開発ではいけないのは明らかでしょう。そして持続可能な発展のための技術革新のためには、途上国が関与することが不可欠と思われます。先進国に期待されるのは、そのような技術革新の仲介役になることです。

つまり先進国が途上国支援の一環として、持続可能な発展のための技術革新に共同で取り組むべきということです。

5-2 代替社会経済の特徴

スモールイズビューティフル

途上国の人たちに先進国とは違う発展を目指して、極力資源消費を抑え経済効率だけでなく公平性を確保し、また環境への悪影響が少ない開発モデルを提示してもらう必要があります。このようなモデルをとりあえず私は代替社会経済と呼んでいるわけです。

以上述べたようなことを私は最近10年ぐらいでしょうか、さまざまな機会に公にしています。ある日ＪＩＣＡの上級審議役を務められていた岡崎有二氏が、「橋本さんがいっていることはシューマッハーだよ。シューマッハーといってもＦ１レーサーじゃないよ、経済学者のエルンスト・シューマッハーだよ」といわれました。

エルンスト・シューマッハーについては、私も知っていました。私が日本の大学を出たころに『スモールイズビューティフル』という本で一世を風靡した経済学者です。当時は、このタイトルをキャッチフレーズにするコマーシャルも出てきて、流行語にもなりました。泥沼化していたベトナム戦争を「ビューティフルじゃない」という批判もありました。

岡崎上級審議役の指摘を受けて、私は改めてエルンスト・シューマッハーと『スモールイズビューティフル』を勉強しました。ドイツ生まれの経済学者であるエルンスト・F・シューマッハーは、1955年に短期間ミャンマーに滞在した際にヒントを得て、代替社会経済モデルを仏教経済学という名称で論じています。

仏教経済学

仏教経済学が効用の最大化を目指す現代経済学と異なる本質的な点は、労働に対する考え方です。労働が人間にとっての富の源泉であることは明らかですが、現代経済学では労働は一つのコストであり、これを機械化等によって極力少なくするのが雇用者(資本家)の目的です。一方、労働者の観点からは労働は「非効用」と見るのが現代経済学です。したがって余暇や楽しみを労働によって犠牲にすることに対して、賃金によって償うという考えです。

仏教的観点から、労働の役割は少なくとも3つあるとシューマッハーは論じます。

「人間にその能力を発揮・向上させる場を与えること、一つの仕事を他の人たちとともにすることを通じて自己中心的な態度を棄てさせること、そして最後に、まっとうな生活に必要な財とサービスを作り出すことである」(『スモールイズビューティフル　人間中心の経済学』講談社学術文庫、１９８６年)

労働は余暇や楽しみを奪うものではなく、両者が相補って生の意味や喜びが作られるという考え方です。また消費によって生活水準をはかる現代経済学では、より多く消費するほど豊かであるという前提に立っています。仏教経済学では、消費は人が幸福を得る一手段にすぎず、理想は最小限の消費で最大限の幸福を得ることです。そしてシューマッハーは「仏教経済学は、一定の目的をいかにして最小限の手段で達成するかについて、組織的に研究するものである」と論じています。

その後私は、南東部ミャンマーの少数民族支援の業務に携わることになり、期せずしてシューマッハーに「再会」することになりました。これをご縁といわずして何でしょう。南東部ミャンマーでは、代替社会経済の考えを基盤にして地域開発計画を策定しています。

表5-1　20世紀型開発と代替社会経済の比較

	20世紀型開発	代替社会経済
歴史	先進国による実施	散発的実施が先進国・途上国で開始
資源の捉え方	収入 → 過剰消費	資本 → 保全
基準	経済効率	環境社会配慮
目標	所得の最大化	就業機会の最大化
技術	先端技術	適正技術・中間技術

代替社会経済の特徴

代替社会経済の特徴を、20世紀型開発との対比において私なりに論じたいと思います。表5-1にいくつかの観点から両者を比較しています。

すでに繰り返し述べたように、20世紀型開発は先進諸国によって実施されてきました。これに対して代替社会経済は、近年になって散発的な実践が世界で始まっており、これは先進国・途上国を問いません。この二つのモデルの最も本質的な違いは、資源のとらえ方にあります。20世紀型開発では資源を所得ととらえます。地下資源を想定すればわかりやすいですが、資源を掘り出せばそれは即収入につながります。多く掘り出せば大きな所得となります。したがって資源が過剰消費されることになります。一方、代替社会経済では資源を資本ととらえます。資本は継続的に利益を生み出すために活用するものですから、保全する必要があります。

20世紀型開発は経済効率を志向し、これを基準として追及されてきたといえます。代替社会経済は、経済効率だけでなく公平性を追求します。経済効率を一義的基準とする代わりに、環境社会配慮を基準とするといってよいでしょう。20世紀型開発が所得の最大化を目標にするのに対して、代替社会経済は就業機会の最大化を目指すといってよいと思います。いうまでもなくこのとらえ方は、労働はコストや犠牲ではなく、余暇や楽しみとともに生の意味や喜びの源泉であるという仏教経済学の考えに即しています。

二つの開発モデルを峻別するのは、それぞれを支える技術体系です。20世紀型開発が産業革命に由来する先端技術によって支えられてきたのに対して、代替社会経済を支えるのは適正技術あるいは中間技術を呼ぶべきものであり、その体系を作っていかなくてはなりません。

中間技術

シューマッハーが適正技術ないし中間技術について語る「人間の顔を持った技術」の章は、感動的です。マハトマ・ガンジーによる、「世界中の貧しい人たちを救うのは、大量生産ではなく、大衆による生産である」を引用して、以下のように論じています。

「大量生産の技術は、本質的に暴力的で、生態系を破壊し、再生不能資源を浪費し、人間性を蝕む。大衆による生産の技術は、現代の知識、経験の最良のものを活用し、分散化を促進し、エコロジーの法則にそむかず、希少な資源を乱費せず、人間を機械に奉仕させるのではなく、人間に役立つように作られている」

4－1節に述べたように人間が機械に従属し、人間の行為が部品のような役割になるのではなく、人間が主体となって人間に役立つのが中間技術です。シューマッハーは「中間技術を作り上げ、これを一般の人たちの目に見え、手の届くものにするには、私の経験では知識はすべてそろっているとはいえ、なお体系だった創造の努力が必要である」と論じます。そして次のようにまとめます。

「私は技術の発展に新しい方向を与え、技術を真の必要物に立ち返らせることができると信じている。それは人間の背丈に合わせる方向でもある。人間は小さいものである。だからこそ、小さいことはすばらしいのである」

『スモールイズビューティフル』は、人間への賛辞なのです。自分が小さいと認識することが、健全な宇宙観です。小さいからすばらしいというのが、人間および人類に対する信頼感です。

代替社会経済の条件

代替社会経済の実態をさらに明確にするために、ここで代替社会経済の条件をまとめておきたいと思います。代替社会経済モデルの条件は、一般に以下が含まれると私は考えます。

❶資源多消費型ではない経済活動

❷環境に対する負荷が小さい経済活動

❸雇用の確保および付加価値の最大化に資する経済活動

❹地元住民および地域社会による資源管理の仕組み

❺伝統的な技術を先進技術によって補完する適正技術の体系

これらの条件は相互に関連しています。条件❶は、廃棄物を極力出さず資源を最大限有効利用することによって、条件❷が要求するように、環境に対する負荷を小さくすることができます。このような条件を満たす経済活動は、廃棄物や副産物の有効利用のために、より手間がかかります。ということはより多くの雇用を要求し、より大きな付加価値を実現することによって、条件❸を満たすことになります。

このような経済活動を全体として推進するためには、条件❹に示す通り、資源管理を地元住民および地域社会が実施する仕組みがあることが、望ましいでしょう。さらに、このような経済活動全体を支えるために、伝統技術および先進技術を活用する適正技術の体系を創出する必要があります。

図5-1　資源と市場の組み合わせによる地域開発の4類型

		市場	
		内	外
資源	内	A	B
	外	C	D

代替案：

A―輸入代替（域内資源を域内市場向けに活用）

B―輸出振興（域内資源を輸出市場向けに活用）

C―輸入加工（輸入資源を域内市場向けに活用）

D―輸出加工（輸入資源を輸出市場向けに活用）

地域開発モデルと代替社会経済

私が専門とする地域開発との関連で、代替社会経済の意味と内容をさらに明確にしたいと思います。私は地域開発計画を立案するうえで、主たる資源および主たる市場をどこに求めるかによって、図5－1のように4つの類型を想定します。

代替案Aはいわゆる「地産地消」モデルに相当します。地場資源を活用して地域内市場に向けて生産するモデルです。このモデルは、経済グローバル化のなかでは成立条件を現実的に検討する必要があります。代替案Cは域内市場が相当大きい場合のみに成り立つモデルです。代替案Dは典型的な輸出加工モデルであり、地場産業の振興には結びつきにくいきらいがあります。自立的地域開発を図るためには、代替案Bが基本となるべきですが、輸出競争力のある特産品を創出することができるかがカギです。

地産地消

ここで地産地消について、さらに考えてみましょう。地場資源を活用して地域内市場に向けて生産することは、理想的に思えます。しかしグローバル経済のなかでは、このモデルは理想形としては成り立ちません。代替社会経済といっても、経済効率を無視するわけにはいかず、グローバル経済を前提として内容を検討する必要があります。

なぜ地産地消は、グローバル経済のなかで理想形としては成り立たないのでしょうか。それはよりよいモノが域外から入ってきて、より安い価格で売られるとき、「それを買ってはいけない」とは誰もいえないからです。域内の人たちに何を買うべきか、だれも強制することはできないからです。域外から入ってくるモノと競争できる製品を作るしかありません。輸出市場を目指すかどうかにかかわらず、輸出市場で闘える経済活動しか生き残れない、というのがグローバル経済の厳しい現実です。

「地産地消」が成り立つ面については、この理念を追求したらよいでしょう。まずローカルな水源による給水があります。アジアの熱帯モンスーン地帯では、浅層地下水の利用が重要です。浅層地下水は、地面の下の地質・土壌を縫って流れる地下水脈という自然の配水網を持っています。住民が自分で容易に汲み上げることができます。浅層地下水の水質を守り、上水として活用することが大切です。

原発が大きな議論となっていますが、今後ローカルエネルギーの活用がますます重要です。一例は、地熱です。地熱発電は原子力発電よりひとけた規模は小さいですが、それが逆にローカルエネルギーとしては、適正規模となる地域はいくらでもあります。そして日本の場合、地熱は国土のほとんどどこでも活用できます。

ローカル水源、ローカルエネルギー以外に、「地産地消」が成り立つのは、風土とか文化にかかわるものです。ある種の食品はこれに相当するでしょう。ここに、「よりよいものをより安く」では済まない基準が隠れています。社会面や環境面に対する配慮です。

お正月の休みに、こたつでくつろいでいるとき、たいていの日本人はオレンジよりはミカンを食べたいでしょう。コメ作りは、日本の伝統文化の重要な部分であるだけでなく、水田が生態系に果たす役割があります。「例外なき関税撤廃」は、文化・社会の違いを無視することと同じです。

最近提案されている「里山資本主義」は、代替社会経済の一つの形といえると思います。日本は森林資源が豊富ですが、過疎のため森林を管理する人手が足りません。森林管理の一環として、間伐材を木質チップに加工し燃料とすることによって、輸入燃料を減らすことができるだけでなく、森林管理の動機づけが高まり、新しい産業が興り若者がUターンして、地域が活性化すると期待されます。地産地消が、地域開発に結び付く例です(藻谷浩介、NHK広島取材班『里山資本主義――日本経済は「安心の原理」で動く』角川oneテーマ21、2013年)。

地産地消を実現するためには、何らかの仕組みが必要です。文化・風土は一つの自然な仕組みです。地産地消の追求は、代替社会経済を支える新しい仕組みという形の技術革新につながるかもしれません。

TPPと例外なき関税撤廃

TPPについては2-2節で少しお話をしましたが、代替社会経済との関係でもう少しお話ししましょう。経済グローバル化は、経済効率の追求が世界規模の市場につながりうる時代を表現しています。標語でいうと、「よりよいものをより安く」ということになります。世界の隅々まで製品を運ぶ輸送費を背負ってもなお、より安くよりよい製品を作る企業があれば、世界市場はこの企業に席巻されてしまうはずです。一時の日本は、かなりの製品について、そのような企業を抱えていました。

輸送技術だけでなく冷凍・保冷・冷蔵技術の発展によって、生鮮食料品でも世界の隅々まで、比較的低コストで運ぶことができるようになっています。ICT技術の発展によって、相手の顔を見なくても取引ができます。国際金融の発展によって、決済も瞬時にできます。

それでも、有力な一国がすべての産業、製品やサービスで世界市場を席巻することにはなりません。なぜならば、そのような国にも資源の制約が働くからです。人、土地、カネをはじめとする資源の制約です。そのために、先進国がより生産性の高い産業や製品・サービスに限られた資源を順次投入して、資源の制約が働くようになったのちには、それ以外の残された産業や製品・サービスは、他の国々が担当することができる。これが、比較優位によって国際分業が成り立つ原理です。

さて「よりよいものをより安く」というのは、誰にでもわかりやすい、受け入れやすい原理ですが、そこに落とし穴があります。「よりよい」とはどういうことでしょうか。「よい」の意味にはいろいろあります。食料品の場合は、「おいしい」のほか「栄養価が高い」「見た目がきれい」「長持ちする」等の意味があるでしょう。さらに、人によっては「遺伝子組み換え食品ではない」ということも大事でしょう。

「よりよいものをより安く」というのは、基本的に経済効率の追求です。それだけでは済まない、というところからTPP交渉が始まるのです。2-2節で述べたように、「例外なき関税撤廃」は文化多様性の否定です。その意味でＴＰＰ交渉は、20世紀型開発ではなく、代替社会経済にも通じる仕組みづくりの過程と見ることができます。

知的所有権の例題

ＴＰＰで議論となっていた「知的所有権」の話をしましょう。特にアメリカの大製薬会社が開発した難病の新薬に対する特許権の保護期間を、延長するという話がありました。「よりよいものをより安く」という基準から見れば、これはおかしい。難病に効くよいものならば、すぐに安く提供するのが基準に合っています。

しかしそうすると、製薬会社に新薬開発の動機づけがなくなってしまう。製薬会社の利益が減って、新薬開発に投資できなくなってしまう。つまり、よりよいものを提供し続けることができなくなってしまう。このような話が、当然あります。それならば、新薬開発を製薬会社の良心に委ねるのではなく、製薬会社が新薬開発を続けられるように、政府が補助金等で支援してはどうか、という話もあるでしょう。しかし新薬による製薬会社の利益が減ると、その会社が払う法人税も減って政府による補助金等の支援能力が低下するかもしれません。話は複雑です。

製薬会社は、政府に対して猛烈なロビー活動をして、新薬に対する特許権の保護期間延長を勝ち取ろうとするでしょう。それを受けてアメリカ政府は、TPPによる国際的なルール作りをしようとするでしょう。それに対して、「よりよいものをより安く」という基準だけで戦えるでしょうか。新薬開発で見たような複雑な問題に対して、誰もが納得する妥協点を探らなければならない、これが現実です。このような複雑な問題に対して、代替社会経済は説得力のある原理を提供できるかもしれません。

5-3 開発援助における代替社会経済の意味

途上国における代替社会経済の条件

途上国は、先進国と比べて経済発展の水準が低いゆえに、先進諸国における技術革新の成果や開発における失敗の教訓を活用して、代替的な開発モデルを追求することが可能となるという、逆説的な利点を持っていると私は考えています。また途上国が持っている伝統的な技術は、限られた資源の有効利用および環境保全の観点から、見直すべきものも少なくないでしょうし、そもそも社会的な受容の観点からは、より望ましいもののはずです。

代替社会経済の追求における一つのカギは、先進的技術と伝統的な技術とを組み合わせて、経済効率だけでなく環境的および社会的により望ましい適正技術の体系を構築していくことであると考えられます。多くの途上国の場合のように、現時点で経済的に後発であることが、利点となりえるのです。

途上国において代替社会経済を追求する必要条件としては、以下が考えられます。

❶伝統的技術や知恵に支えられた豊かな社会、文化遺産があること。
❷森林資源をはじめとする天然資源が比較的よく保全されていること。
❸資源の活用や管理にかかるさまざまな土着の(indigenous)仕組みがあること。
❹独創的(ingenious)で訓練しやすく、新しい社会経済活動に前向きな住民が多く存在すること。

これらの条件は、私が最近担当したミャンマーやフィリピンをはじめとして、多くの途上国で成り立っています。

代替社会経済を支援する側の条件

一方、代替社会経済を支援する開発援助の条件としては、以下が考えられるでしょう。

❶伝統的な社会の仕組みや文化を尊重すること。
❷天然資源は地元住民およびコミュニティの管理のもとで、保全し活用すること。
❸先進国は、資源の節約およびリサイクルのための先進技術を提供すること。
❹途上国と先進国が共同して、持続可能な開発のための適正技術を研究開発すること。

これらの条件を合わせ満たすことのできる先進国は少ないかもしれませんが、日本はそのなかの一つと私は信じています。

日本が持つ優位性

日本は、産業革命に始まる先進国における技術革新による技術体系に基づいて発展してきた先進国ですが、それ以前に独自の技術体系を持っていたことが、欧米諸国による開発モデルを受け入れて、急速な経済発展を実現することを可能にしたといえるでしょう。

そのような発展の過程において、活かされた伝統技術と、置き去りにされたとみられる伝統技術があります。前者の例としては、治山・治水に代表される工学技術があります。後者を象徴するのは、江戸時代のリサイクル文化を支えた諸技術でしょう。

先進国においても、資源多消費型ではない環境にやさしい開発を支えるために、伝統的な技術を見直す機運がでてきています。それは単に伝統技術をそのまま復活させるのではなく、先進技術のなかに伝統技術の知恵を活かすということでしょう。そのような技術革新において、日本は恐らく世界の最先端にあるといえます。リサイクル技術あるいは省エネルギーや省水・節水にかかわる技術は、その代表です。

日本および日本人は優れた自然観・宇宙観を持ち、それが独自の技術体系を支えていると私は考えています。それは自然との共存を志向する自然観であり、自然のなかに神を見る宇宙観です。それが自然からよりよいモノを引き出すという技術観につながっていると思います。さらに、日本人が途上国の持つ伝統的な文化や社会を尊重するならば、他の先進諸国に対する優位性は間違いありません。

第6章

産業クラスターがカギを握る

6─1　産業クラスターと地域開発

産業クラスター理論

　産業クラスター理論は、ハーバード大学のＭ・ポーター教授が１９８０年代に提唱した産業の優位性を決定する条件にかかる理論です。グローバル経済および自由貿易のもとで、特定の産業の競争優位性を決定する４つの要因として、以下があげられています。

❶生産要素条件──原材料、労働力、インフラ、資本等
❷国内需要条件──国内市場における需要の量と質
❸関連・支援産業──国際競争力を持つ関連・支援産業
❹産業構造、戦略・振興策──企業の設立・組織・経営にかかる国内の条件

原材料をはじめとして生産要素が整っていることは、産業の競争力の必要条件です。この産業によって生産される製品に対して国内需要があれば、産業の立ち上げが容易であり、国内需要の質が高ければ付加価値の高い製品が成功する可能性が高くなります。活力のある関連・支援産業があることは、当該産業の経済性を高めるうえで望ましい条件です。さらに国の戦略や振興策が適切であり、企業の設立・運営にかかる法制が整っていることが、この産業の競争力を高めるでしょう。

産業クラスターはこれらの4つの決定要因が、ダイナミックに関連しあうことによって連携しあっている企業群として定義されます。産業クラスターを構成する企業は、通常地理的に集積しています。シリコンバレーやインドのバンガロールに集積しているIT企業群は、典型的な産業クラスターです。

多くの国ではさまざまな産業クラスターが政策的に振興されています。関連企業を集積させることによって、生産要素の確保が効率的になり、関連企業が支援しあい、製品の市場開拓が容易となり、これを政府がインフラ整備および法制面で支援するという形となります。

産業クラスターは水平型クラスターと垂直型クラスターに分類することが可能です。水平型クラスターは、同種の企業群が集積することによって、集積経済(agglomeration economy)が実現している形です。垂直型クラスターは、主導的な企業のもとに下請け企業が連なっている形です。

地域開発のための産業クラスター

地域開発とは、地場資源の地元住民による地元住民のための活用による開発です。現実の地域開発はこの通りにはなかなかなりませんが、これが地域開発の理念であることは間違いないと頭に置いておいてください。地域の住民が自分の資源を自分のために活用するのですから、これは公正の概念に合致しています。地域開発の理念には、資源および資源利用による成果の適正な配分という公正の概念が包含されています。したがって地域開発は、経済効率を一義的に追及する経済グローバル化の弊害を克服する仕組みとなりえる、というのが私の信じるところです。

その理念に明らかなように、地域開発は経済グローバル化のなかで5-2節に述べた「地産地消」を実現する方法となりえるといえます。具体的にはローカル水源による水供給や水循環型都市、再生可能なローカルエネルギー、文化・風土にかかる食品等の生産です。

地域開発においては、地域内で生み出される付加価値をいかに地域内にとどめるか、これが成功のカギです。付加価値の他地域への漏れを極力少なくするということです。これを付加価値の内部化といいます。企業間・産業間の連環を活用することによって、付加価値の内部化をより高度にするのが産業クラスターです。産業クラスター理論を適用することによって、高度な付加価値の内部化を実現して地域開発を実現することができます。

5‐2節にTPPとの関連で比較優位によって国際分業が成り立つ原理について言及しました。経済グローバル化は、経済効率の追求が世界規模の市場につながりうることを意味しますが、経済的に有力な少数の国がすべての産業、製品やサービスで世界市場を席巻することにはなりません。

高品質で価格競争力(competitive advantage)のある製品を製造できる国が、グローバル市場を支配するならば、多くの途上国には希望がなくなってしまいます。途上国は、そのような国々が生産しない製品について比較優位(comparative advantage)を確立することができる、というのが国際分業における比較優位論です。絶対的優位性のない製品が、クラスターに組み込まれることによって製品群・業種全体として、比較優位を確立することができるというのが、産業クラスターによる地域開発の要です。

途上国に適用性の高い産業クラスター

産業クラスターの理論と類型および地域開発への応用について、概略を説明しました。シリコンバレーやバンガロールのIT産業クラスターは、そう簡単に途上国で成立しそうには思えません。ではどのような産業クラスターが途上国に適用性が高いのでしょうか。一次産品を基盤とする垂直型産業クラスターが有望であると、私は提案しています。多くの途上国において農林水産業の一次産業は最も重要な産業です。世界的にも一次産業の繁栄なしには健全な発展は考えられません。途上国の一次産業を活かすことは、先進国にとっても重要です。

一次産品を基盤とする垂直型産業クラスターというと大層なことのようですが、実は珍しいものではありません。例をあげるのが一番わかりやすいでしょう。図6-1は、日本で伝統的に行われてきたコメを基盤とする経済活動を、産業クラスターのように表示したものです。コメという一次産品を基盤とし、それから派生する製品群によるクラスターです。

図6-1に示されているコメ産業クラスターを構成する要素は、日本人にはなじみが多いでしょう。コメやせんべい・酒にとどまらず、日本人はわらやぬか・もみ殻を伝統的に活用してきました。私が小学校に通っていたころは、わら半紙というものがあり演習のプリントや解答用紙に使っていました。ぬかは米ぬか油という食用油だけでなく、化粧品にも使われています。

図6-1　コメ産業クラスターの組立て

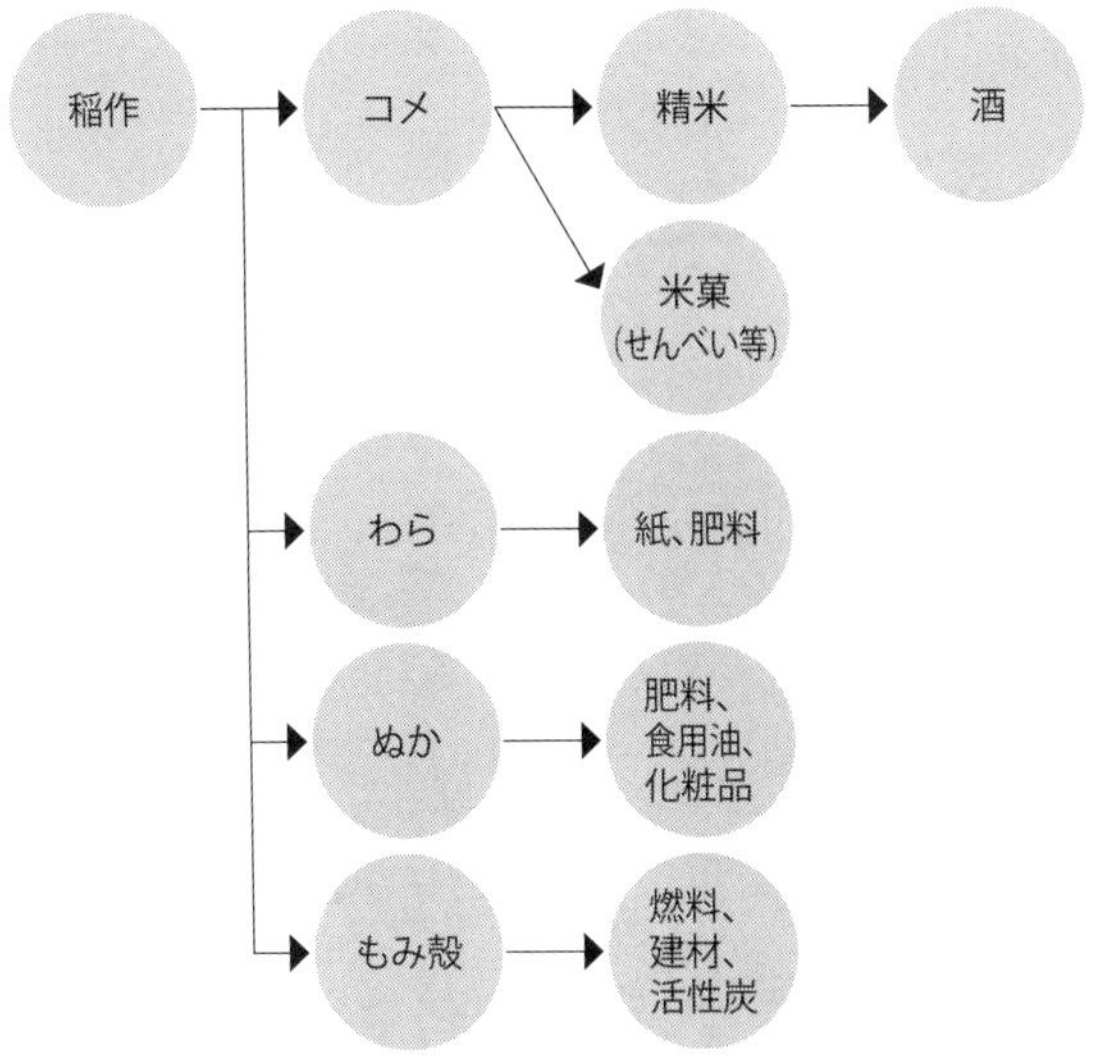

もみ殻は燃料になるだけでなく、燃え殻は建材に活用が可能です。このような多様な利用によって、コメを基盤とする産業全体としての総付加価値額が最大化し、同様に重要なこととして廃棄物が減少します。まさに代替社会経済の考えにかなっています。

このような産業クラスターは途上国においてもすでに見られます。私は開発コンサルタントとして比較的初期に担当したフィリピンの案件で、完結循環型加工業(complete cycle processing)という概念を学びました。その基本概念は、ごみを出さない生産技術です。工業による廃棄物を、何らかの変換装置によって有価物に変換し農業に適用するモデルを、農工間ゼロエミッションと呼んでいました。代替社会経済のための産業クラスターに、極めて近い考え方です。

6-2　産業クラスターとグローバル・バリューチェーン

グローバル・バリューチェーン

最近広く論じられているグローバル・バリューチェーン(GVC)は国境を越えた機能的な分業と説明されます。製造業などにおいては生産工程が分業化されていますが、その分業が国境を越えて実現している状況です。製品企画、設計・デザイン、原材料の調達、部品の生産・加工、組立、マーケティング・販売・アフターサービスなどチェーンのようにつながって営まれているのでGVCと呼ばれるわけです。生産側から見た製品供給過程のつながりをサプライチェーンといいます。

企業は、従業員の福利厚生や生産過程および製品の環境への影響にも配慮するでしょうが、基本的に利益最大化、マーケットシェア拡大等の経済的動機づけで行動します。経済効率を上げるために、原材料を他の国から輸入し製品を輸出するだけでなく、生産拠点そのものを他国に移すこともあります。そのような企業活動の結果としてGVCは形成されていきます。これを国家経済の成長戦略の一環として、政策的に追究しようというのが、最近の動きです。

GVCと国際分業

GVCとは国際分業にほかなりません。グローバル経済から見た効率的な経済活動の分担方法といってよいでしょう。気を付けなくてはいけないのは、そのようなグローバルな経済効率の追求が、それを構成する国々にとって必ずしも望ましい経済活動の割り当てになるとは限らないということです。

簡単な例で説明しましょう。アフリカに鉱物資源が豊かな国があったとします。この国は海に面さないいわゆる陸封国のため、自国の資源を開発して輸出するためには、他の国の港湾施設を使う必要があります。その港湾に至る道路を整備することも必要かもしれません。グローバル経済の効率性から見ると、この陸封国の資源を開発し付加価値の高い製品を製造して港から国際市場に出すことが望ましいと判断されます。

そのために陸封国の資源地域から輸出港までのインフラを整備して、経済回廊を確立するのがよいということになります。そこには港湾整備だけでなく、道路やその他の関連施設の整備、さらには国境における通関等にかかる制度整備も含まれるでしょう。実際このような経済回廊整備を、ＪＩＣＡはアフリカ各地で支援しています。

資源開発は陸封国で行われますが、資源を加工する製造業は既存の関連産業の集積がある程度あって技術もある隣国で立地すべきということになるでしょう。製品の輸出は、立地条件のよいさらに隣の国の港湾を利用することになるかもしれません。グローバル経済から見た効率性では、これが望ましい国際分業となりそうです。

さて、この状況を陸封国から見たらどうでしょうか。陸封国としては資源を開発してそのまま隣国に輸出するのではなく、加工してできれば最終製品として、付加価値を高めより多くの雇用を創出したいでしょう。そのためには技術や資本を導入することが必要となります。これを開発援助によって支援することもできるはずです。しかしグローバル経済の効率性からは、前述のようなＧＶＣの形成およびそれを支える経済回廊整備が正解となります。そのなかで陸封国は、鉱物資源を提供するだけの資源供給国にとどめられてしまう恐れがあります。

産業クラスターとGVC

国際分業によって、グローバル経済の観点から経済効率を追求するGVCに対して、地域開発の文脈における産業クラスターは、サプライチェーンおよびバリューチェーンを極力一国内・一地域内にとどめようとするアプローチです。それによって製品の多様化による付加価値の向上および雇用の増大、さらには環境保全を図る考え方といえます。特に一次産品を基盤とする垂直型産業クラスターは、途上国における適用性が高いと考えています。

このような産業クラスターは、付加価値の流出が少ないという意味で、経済(付加価値の最大化)、地域開発(付加価値の内部化)、社会(雇用の最大化)いずれの面についても望ましいでしょう。貧困層による生計活動を、地場産業を介して輸出産業につなぐうえでも有効です。

地域開発のための産業クラスターは、GVCとはまったく違う発想による開発アプローチです。ところが、ほかならぬ開発コンサルタントのなかにも、産業クラスター＝GVCと考えているものがいます。GVCはグローバル経済の観点からの経済効率の追求であり、地域開発のための産業クラスターは経済効率だけでなく環境・社会配慮を重視します。GVCは経済成長の最大化を目指すといえるでしょうが、産業クラスターは経済成長以上に雇用の創出を目指します。あえていうと、GVCは20世紀型開発を志向しており、代替社会経済を実現する方法としての産業クラスターとは、対極にあるといってもよいほどです。

GVCはグローバルな経済効率を志向するものですから、決して悪いことではありません。経済回廊はGVCの形成・強化に資するものとして計画することができます。そのための質の高いインフラ整備や制度整備を開発援助で支援するのはよいことです。ただし、その場合経済回廊沿いの地域開発が実現するように図るべきで、そのための産業クラスター支援を合わせて実施すべきです。

地域開発と国際分業

一方で、グローバル・バリューチェーンによって、国際分業を活用し経済成長を図る必要があります。他方で、産業クラスターによってバリューチェーンを極力一国あるいは一地域内にとどめることによって地域開発を図り、雇用の確保や所得分配の公正を目指す必要があります。両者を合わせ満たす可能性と方法は、国によって業種によって異なるでしょう。

私はフィリピンを例にとって、国際分業の可能性が高い産業工程を判断するために、簡単な分析をしたことがあります。国際分業の可能性が高い産業を、地域開発の観点から予備的に比較評価しました。その基準としては、少なくとも以下があると考えました。

❶地場資源活用の程度
❷輸入財への依存度
❸中小企業(SME)活動を誘発する程度
❹長距離輸送に適合する度合い

地域開発の観点からは、地場資源の活用度が高いこと、およびSME活動が誘発されることが重要です。地域内における付加価値を高め、地域経済の成長に資するためには、輸入財への依存度が低い方がよいでしょう。

各産業の主要製品、特に輸出品がその重量に対して価値が高いほど長距離輸送に適合するといえます。国際空港の存在を前提とすれば、空輸によって製品を輸出する産業が地域経済への貢献度が最も高く、次いで深海港が存在する場合、大型コンテナー船輸送による製品・産業が続くでしょう。

フィリピンにおいて今後重要となりえる産業を、これらの基準によって予備的に表6-1のように評価してみました。表6-1においてAを2点、Bを1点、Cを0点として4つの基準による評価を総合しています。結果として地域開発の観点から最も望ましいのはIT関連、毛皮・皮革製品、日用品およびギフト・玩具類であり、食品加工、衣料・繊維、バイオケミカルがこ

表6-1　フィリピン有望産業の国際分業への適合性の比較評価

業　種	長距離輸送適合性	地場資源活用度	輸入財依存度	SME誘発度	評価
自動車	B	C	C	B	2
造船・プラント	A	C	C	B	3
航空機関連	A	C	C	B	3
電気・電子製品	B	B	C	A	4
精密機械	A	B	C	B	4
IT 関連	A	A	B	A	7
素材産業	B	B	B	A	5
毛皮・皮革製品	A	B	A	A	7
医薬品	A	A	B	A	7
電気・電子部品	A	B	B	B	5
バイオケミカル	A	A	B	B	6
衣料・繊維	B	A	B	A	6
食品加工	C	A	A	A	6
日用品	B	A	A	A	7
ギフト・玩具類	B	A	A	A	7
電気機械	C	B	B	B	3
輸送機器	C	B	C	B	2
有機化学製品	B	A	B	B	5

れに続きます。逆に、自動車、造船・プラント、航空機関連、電気機械および輸送機器は、高付加価値であるものの、地域開発への貢献度が低いとの結果となっています。

つまり前頁の基準によれば、産業クラスターに適合する産業は地場資源活用度が高く、輸入財依存度が低く、SME誘発度が高いということです。長距離輸送に適合するかどうかは、産業クラスターを構成する多様な製品によります。

一方、国際分業に適合する産業は、サプライチェーンあるいはバリューチェーンが一国内に収まらない産業クラスターととらえることができます。したがって国際分業が成り立つかどうかと、そのような国際分業が途上国にとって望ましいかどうかは、分けて検討する必要があり、途上国にとって望ましい国際分業を構想するうえで、地域開発に配慮することが不可欠です。

6−3　途上国における産業クラスターの有効性

途上国における産業クラスター開発の目的

経済グローバル化のなかで、途上国はますますグローバル・バリューチェーン（GVC）に組み込まれていくでしょう。これはある程度必然的で避けられないかもしれません。そのなかで途上国が自立的発展を図っていくためには、どうしたらよいでしょうか。その答えを与えるのが産業クラスターだと私は思っています。

といってもシリコンバレーやバンガロールのＩＣＴ産業の集積のような先端技術にかかる産業クラスターではありません。私が推進するのは、もっと素朴な産業クラスターです。特に一次産業を基盤とする垂直型産業クラスターが有効だと考えています。一次産品を基盤とする垂直型産業クラスターは、以下の目的にかないます。

❶副産物や廃棄物を活用することによって、少ない資源消費でより高い付加価値を実現する。

❷貧困層による生計活動を、地場産業を経由して輸出産業につなぐことによって、持続的で活力ある経済活動を導く。

❸グローバル経済のなかで、自立的地域開発を実現する。

例をあげながら順次説明しましょう。

副産物・廃棄物の活用

図6-2に南東部ミャンマーで提案しているカシュー産業クラスターの可能性を示していま す。カシューというとナッツを思い浮かべます。カシューナッツはそのままで付加価値の高い ナッツですが、菓子類の材料にも活用されます。しかしカシューナッツだけを活用するのは、 4-1節で述べた「イイとこ取り」であり、経済効率の追求に相当します。

カシューは実際には図6-2に示すように多様な活用が可能です。カシューの殻は高品質の工業油を含んでおり、ペンキ等に利用されますが、最近では漆の代替として塗り製品に活用されています。カシューアップルと呼ばれる偽果実はジャムに加工し、あるいはワインや酢を作るのに利用できます。カシューの若葉は補助飼料としてヤギの飼育に活用できます。ヤギとカシューの複合農業によって、さらに幅広い製品を生産することができるようになります。

このように「イイとこ取り」では活用されない副産物や廃棄物さえ、少し手間をかければ付加価値の高い製品に加工することができます。手間をかけるということは、就業機会が生じるということですから、所得向上とともに多くの途上国では望ましいことです。「イイとこ取り」では、生産量を上げるためにはカシュー林を拡大するしかありません。土地も資源ですから、これはより多くの資源を使うことを意味します。より少ない資源消費でより高い付加価値と雇

図6-2　カシュー産業クラスターの考えられる範囲

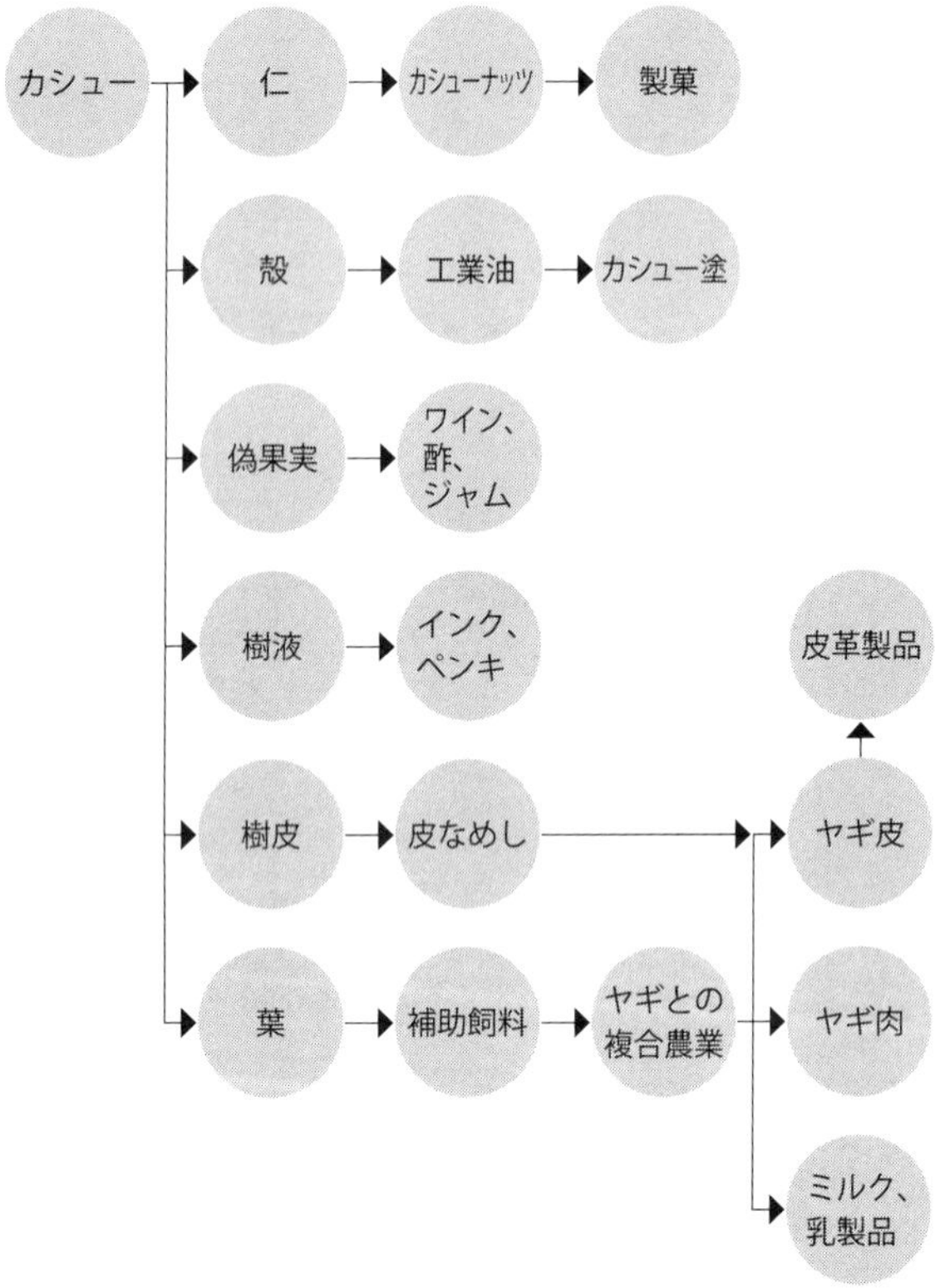

図6-3　ゴム産業クラスターの考えられる範囲

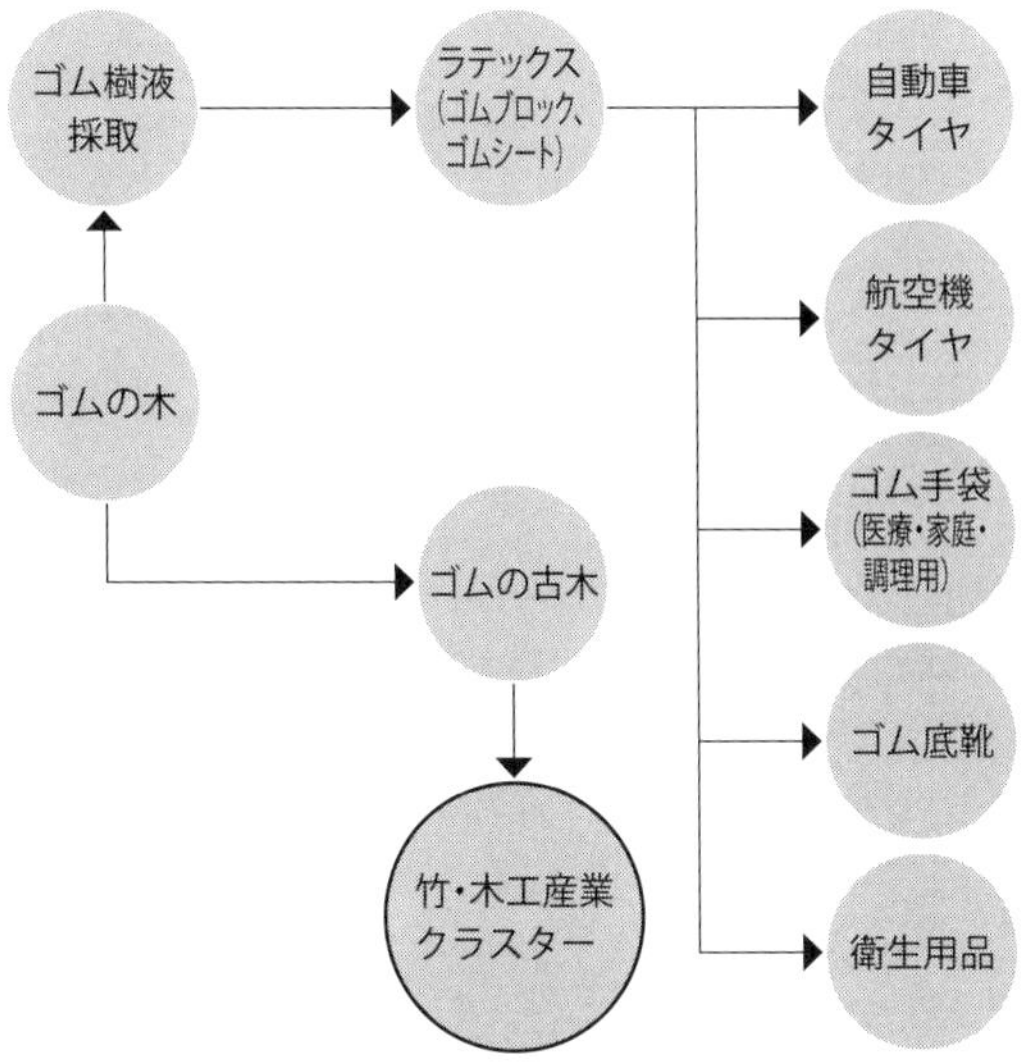

用機会を実現するのが、産業クラスターです。

貧困削減への貢献

図6－3にやはり南東部ミャンマーのゴム産業クラスターの可能性を示しています。ゴム樹液の採取は比較的簡単な技能訓練によってできるので、貧困層による生計活動として適切です。採取したゴム樹液に酸を加えてゴムシートやゴムブロックという形にします。このラテックスを加工してさまざまな製品を作ることができます。ゴム底靴や各種ゴム手袋、コンドーム、さらには自動車

や航空機のタイヤです。これらはゴムという地場資源を活用する地場産業です。

地場産業のなかから、輸出市場に出す高品質の製品を製造する輸出産業を育成することが、グローバル経済のなかで成功するためには不可欠です。輸出できるということは、グローバル・マーケットで闘えるということです。輸出産業につながっていることによって、貧困層の生計活動も地場産業も生き残ることができるのです。

自立的地域開発の実現

南東部ミャンマーの場合、すでに自動車タイヤの工場が存在し、製品を中国に輸出しています。しかし自動車タイヤにまで加工されるのは、ゴム原料のほんの一部であり大半はラテックスのままで輸出され、隣国のタイで最終製品に加工されます。地場産業のさらなる発展によって製品を多様化し、また自動車タイヤも含めて輸出市場を多角化することが必要です。それによって活力ある地域経済の発展が実現することになります。

原料を輸出するだけでは、原料を買い付けに来る仲買業者に従属することになります。ラテックスのような半製品を輸出する場合も同じです。最終製品を製造することによって、マーケティングにおいて主導権を取ることができるのです。それが自立的地域開発を実現する方法です。

6-4　途上国における産業クラスターのさらなる事例

エルサルバドルの養蜂産業クラスター

　私が成功している途上国の産業クラスターを最初に知ったのは、2002年11月から2004年3月にかけてエルサルバドルの東部地域開発に携わっていたときです。当時エルサルバドルではすでに養蜂産業クラスターが確立していました。ハチミツの製造だけを取り上げると、エルサルバドルのハチミツには競争優位性はありません。中国産のハチミツが圧倒的に安く、アメリカ市場にまで出回っていたのです。中国内陸部から太平洋を越えて高い輸送費用を背負っている中国産ハチミツに、アメリカの裏庭のようなエルサルバドルで生産するハチミツは太刀打ちできなかったのです。

　それが養蜂産業クラスターとして、多数のハチミツ生産者を糾合し、政府による研究開発支援によって製品を多様化して、製品群・業種全体として比較優位を確立するに至っていたのです。

「エルサルバドルの養蜂産業クラスターは、ハチミツだけでなく60以上の派生製品を生産しており、これにはビタミン等の健康製品やハンドクリーム、医薬品、家畜用製品等が含まれる。

生産者に加えて4つの梱包業者、7つの輸出業者も参加し、さらに政府の技能訓練、技術指導、研究開発機関がクラスターを構成している。それによってクラスター全体として輸出産業として成功しているのである」(橋本強司『開発調査という仕掛け』2008年)

エルサルバドルではさらに、伝統的に実施されていた藍染めを藍産業クラスターとして再興するパイロット事業を実施しました。このため藍草の栽培から、藍染料の抽出、藍染め製品の製造・販売まで、一貫して支援しました。JICA案件実施中に、エルサルバドル国際空港に藍製品のアンテナショップを開設し、成功裏に運営しました。いまや藍産業は、エルサルバドルの誇りとなっているといえます。

ミンダナオのアバカ産業クラスター

図6-4はアバカ産業クラスターの可能性を示しています。アバカは芭蕉科の植物で、天然で最も強い繊維を抽出することができます。かつては船の係留ロープに広く利用されていましたが、化学繊維の登場によって一時衰退しました。環境への意識が向上するのに伴って、現在では繊維の強さを利用する特殊用途紙に広く活用されています。日本をはじめとして紙幣にも使われているそうです。日本の紙幣はいつも新品の様ですが、回収された古い紙幣は切手の材料

図6-4　アバカ産業クラスターの考えられる範囲

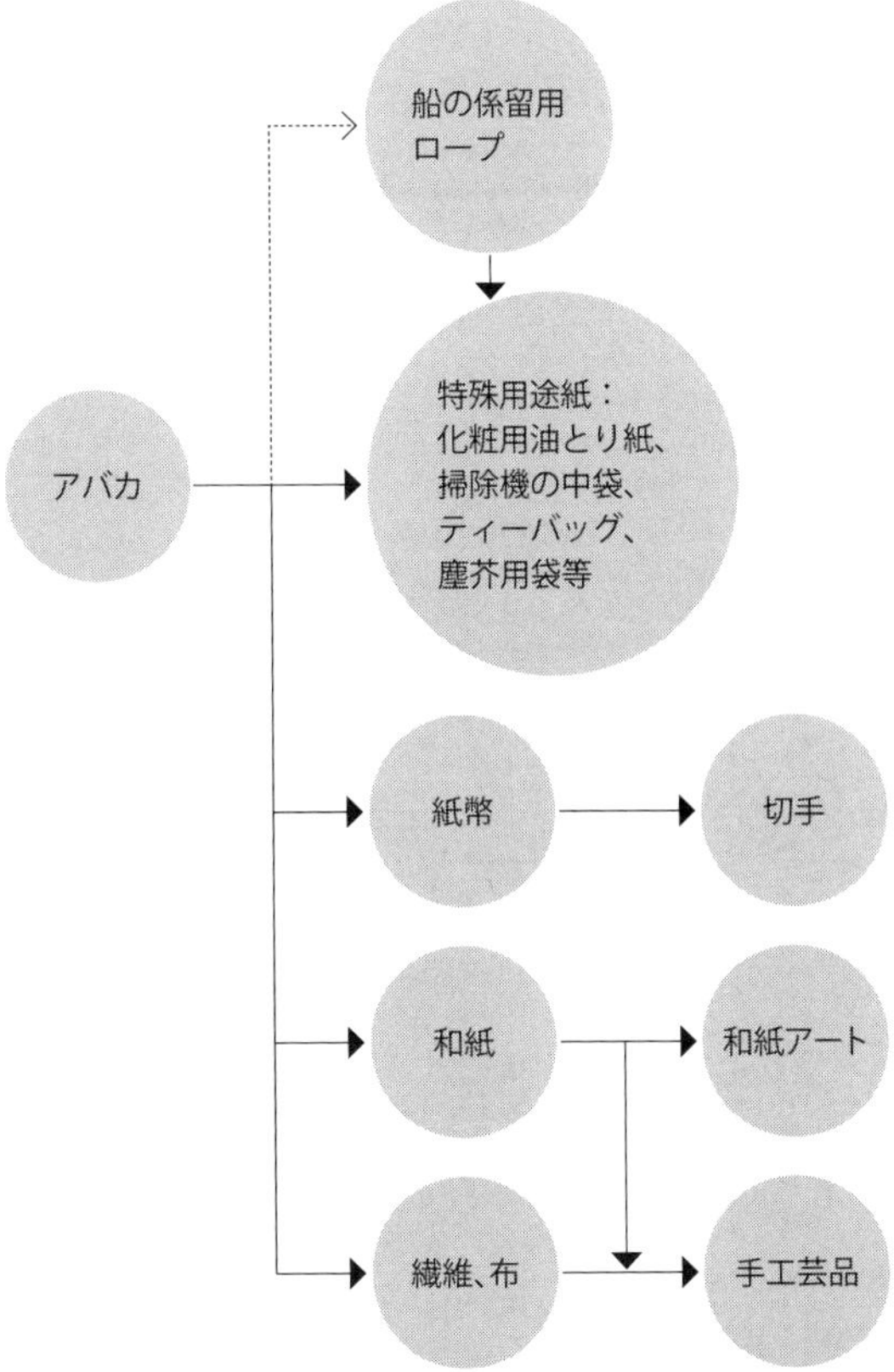

として再利用されると聞いています。

私とアバカ産業クラスターとのかかわりは、少し複雑です。最初私は、1997年9月から1999年1月にかけて実施したダバオ地域開発において、アバカ産業クラスターを提案しました。開発計画を策定するだけでなく、実施にもかかわりたいと思っていましたから、まずはアバカを使う手工芸品を日本で販売しようと考えました。

ミンダナオ島の南コタバト州の内陸部に住む少数民族ティボリ族は、アバカ繊維で織ったティナラック布をさまざまな手工芸品に加工しています。アバカから繊維を手で抽出し、これを天然染色しますが、色は赤、黒、茶が基本です。これに繊維そのものの色である生成りを組み合わせて、織り合わせます。荒い繊維の布ですが、地味な色を組み合わせたデザインが実に洗練されているのです。私が滞在したダバオでも売っていました。

手始めとして、私はアバカ繊維で作ったオリジナルデザインの小さなバッグをディスコバッグと称し、試験的に500個作ってもらい、日本で試験販売と称して友人や身内に売り、概ね好評を得ました。下北沢で委託販売してくれる店を探したのですが、結局は本業に取り紛れてそれっきりになってしまいました。

その後フィリピン政府は産業クラスター振興政策を導入し、有望な一次産品を選びそれぞれについて優先地域を認定して、ＪＩＣＡの技術協力のもとで産業クラスター形成を行いました。ミンダナオ島では、南ラナオ州のアバカが対象となっています。これを引き継いで、民間ベースでアバカ産業クラスターを推進する方法を模索中です。

最後のご挨拶

以上で、経済学部非常勤講師としての私の最終講義は終わりです。長い間お付き合いいただき有難うございます。以上でご説明したことを踏まえて、日本として日本人として今後どうすべきかについて、私の考えをまとめて提示したいと考えました。いわば特論です。引き続きお付き合いいいただければ幸いです。

第Ⅱ部

日本の進む道

第Ⅰ部のまとめ

第Ⅰ部「経済発展と技術革新」の各章で論じたことを全体として俯瞰し、「日本の進む道」を指し示す前提としてまとめておきたいと思います。第1章では、技術革新にかかる固定観念を打ち破ろうと考えました。技術革新のイメージはメタリック・プラスティックで、ともすれば非人間的ととらえられがちですが、実は社会・文化に関わること、したがって技術革新は先進国の経済発展の先端でのみ起こるのではなくどこでも起き、途上国への技術協力は必然的に技術革新を伴うこと、これらを論じました。

第2章における技術の定義では、技術とは自然からよりよいモノを引き出すワザというのが、日本人の自然観にあっているでしょう。第4章で論じる「美の文明」に貢献する技術革新は、まさにそのような人にやさしい環境にやさしい技術を生み出します。一方、「力の文明」に貢献する技術革新は、新型爆弾や無人爆撃機のように人だけでなく自然を破壊します。自然からよりよいモノを引き出すのではなく、自然を破壊します。

第2章で「私の発見」として論じたシュンペーターは、広義の技術革新であるイノベーションを「新結合」と説明します。そして結合の要素は技術・人間・需要です。技術は人間の好奇心が生み出し、需要は人間の欲望が作り出しますから、イノベーション＝新結合の中心は「人間」です。人の言動および人と人との関係は、文化・社会によって規定されますから、イノベーションは文化・社会に無関係ではありえません。

第3章では、社会的弱者とされている人びとや国々を支援することが開発援助の役割であるとの、私の定義を提示しています。開発援助を通じて社会的弱者を生んでいる社会的不正や不公平、利権構造等に取り組む必要があり、開発援助は政治的判断と無縁ではありえないと論じました。そして戦略的外交の一環としてのODAのために、何が国益かについての認識を国民が議論を通じて共有する必要性を示唆しました。

さらに安倍政権が掲げている積極的平和主義を本来の積極的平和と合わせて論じ、日本のODAの理念や目的が何かという問いかけに対して、積極的平和主義は答えにならないことを明らかにしました。この点については9－2節でもさらに論じていますが、積極的平和主義は「力による平和」に貢献するものであり、国際的には「反テロ戦争」への加担と見られ、日本の立場を誤解させ日本人の安全を脅かすことを示唆しました。本来の積極的平和に貢献することこそ、日本の開発協力の役割でしょう。

第4章では、川勝平太氏の文明論を下敷きにして、「美の文明」に技術で貢献することこそ日本が国際社会に貢献する方法であると論じています。美の文明を支える人にやさしい技術は、日本文化に深く根差しており、日本人のすぐれた自然観・宇宙観によっていると私は考えています。この点は8–2節でさらに深く論じています。人にやさしい技術革新のなかでも、代替社会経済を支える適正技術が最も重要であり、途上国との共同研究開発によって適正技術の体系を形成していくべきと論じています。

代替社会経済は、20世紀型開発モデルに対峙して提案している新しい開発モデルです。20世紀型開発モデルが、概ね資源多消費型で経済効率志向であるのに対して、代替社会経済は資源を資本として保全し、経済効率以上に雇用の創出や環境負荷の低減を目指します。第5章では、E・シューマッハーの仏教経済学を下敷きにして、代替社会経済の特徴および地産地消やTPP等の関連事項につき広く論じました。さらに開発援助における代替社会経済の意味を論じ、日本のODAがこの新しい開発モデルを追求するうえで優位性を持っていることを論じました。

第6章では、代替社会経済を実現する具体的方法として、一次産品を基盤とする垂直型産業クラスターが有効であることを提示しました。グローバル・バリューチェーン(GVC)による国際分業との対比によって、バリューチェーンを極力一国内・一地域内にとどめ付加価値の内部化および最大化と雇用の最大化を図る地域開発の有効性を論じました。GVCによってグローバルな経済効率を追求するとともに、産業クラスターによって地域開発を図ることが必要ということです。

第7章 新しい世界秩序を展望してみよう

7-1 2001年同時多発テロの歴史的意味

「力の文明」の終わりの始まり

学習院大学経済学部の「経済発展と技術革新」の講義で説明したことを踏まえて、今後日本がどこに向かうべきかについて、私の考えを提示したいと思います。大きな方向性を示したいというのが私の意図ですが、まずは最近の事象に即して、どのような方向性が垣間見えるかを論じたいと思います。

私はかつて、2001年の同時多発テロについて、「力の文明」の終わりの始まりであると論じました。3-1節でテロの根源には社会問題としての広範な貧困があると論じましたが、「力の文明」との関係を私は以下のようにとらえました。

「この意味での貧困は、グローバリゼーションによって助長されている。そしてグローバリゼーションとは、『力の文明』の経済的表現にほかならない。ゆえに『力の文明』は、貧困削減を通じてテロのリスクを低減させることができないのである。つまり『力の文明』は終焉に向かうしかない、ということになる。テロを抑えるためのアメリカを中心とする力の行使が、むしろテロを助長するのは当然のことである」（橋本強司『匿名性とブラックボックスの時代』文芸社、2006年）

その後の展開はこの見解を裏づけています。アメリカを中心とする「力による平和」、いわゆるパックス・アメリカーナに対するテロリストの力による挑戦はエスカレートし、一つの極致としてイスラム国の台頭に至ったわけです。イスラム国をせん滅することを中心とする対テロ戦争が激化し、これに日本も新安保法制によって加担することになりました。新安保法制のもとでの積極的平和主義は、「力による平和」への貢献にほかなりません。

理念と情報力がカギ

歴史的な意味の「力の文明」が終焉しつつあるとの見方には、別の側面があることも明らかになってきたと思います。イスラム国は軍事力に支えられる「力の文明」に力で対抗しているように見えますが、イスラム国を支えるのは、一つには理念であり、もう一つにはインターネットやＳＮＳなどによる情報力です。

イスラム国は情報力によってジハードの理念を広め、支持者や参加者を集めているわけです。池内恵氏が論じるように、「理念に対しては軍事力の行使は意味をなさない」といえます(『国際開発ジャーナル』２０１７年9月号)。イスラム国は、「中心や組織や指導者をそれほど必要としない運動」であり、「グローバルでソーシャルなメディアの発展に裏打ちされたその拡散を止める手立てはまだ開発されていない」というのが現状です。イスラム国の掃討作戦は、「短期的にはテロを増加させるというジレンマがある」ということです。

短期的テロ対策は、いうまでもなく不可欠ですが、「力の文明」によらない新しい世界秩序を作る努力をし続けなくてはならないでしょう。それは理念と情報力によって支えられるもののはずです。頻発するテロの脅威に過剰反応し排外的な選択肢を取ることは、共有できる理念の追求および共有を助ける情報力の活用を否定することにほかならないと思います。

7－2　転換期2016年以降の世界秩序

近未来は米ソの密月時代か

２０１６年にはイギリスが国民投票によってＥＵ離脱を選択し、アメリカでは大方の予想を裏切ってドナルド・トランプ氏が第45代大統領に選出されました。世界秩序の大きな転換期となったと見られますが、新しい世界秩序の展望はまったく見えません。まずは現実的に、近未来において何が起こりそうか考えてみたいと思います(『国際開発ジャーナル』２０１７年５月号)。

新しい世界秩序を考えるうえで、私はまずトランプ大統領とプーチン大統領の関係を検討してみました。トランプとプーチンがともに「利にさとい人間」であることは間違いなさそうです。トランプはビジネスマンですから、当然利にさといでしょう。こちらの不動産を売って、得た金で他の不動産を買い、より大きな利益を得ようとするのが不動産屋です。プーチンはロシア人特有の駆け引きの強さを持っているに違いありません。正義や民主主義のような西洋の理念を振りかざす気はなく、かといって「力」以外には独自の理念を掲げる歴史を、ロシアは持っていないでしょう。

米ソの「冷戦時代」に対して、米ロによる新しい関係を、私は「密月時代」とひそかに呼んでいました。「密」は秘密の密であり、「月」は陽に対する陰です。利にさとい同士としてトランプとプーチンは取引、それも多くの場合は裏取引をするだろうという見方です。このような関係は、早々と辞任に追い込まれたフリン大統領補佐官によって、すでに垣間見えたといってよいでしょう。

このような関係によって米ロが世界の利権を分かち合って、共存しつつ世界を仕切ることになるのでしょうか。二つの疑問が生じます。第一、アメリカとロシアはそれぞれ一国として、利権を分かち合って世界を仕切るだけの力を持っているだろうかという疑問です。持っていないといってよいでしょう。特にロシアは石油・天然資源とプーチンの強面で支えられていますが、経済構造と技術力は「一部歯の抜けた櫛」状態です。

第二、世界経済のブロック化や価値の多様化が見通されるなか、他の国々は影響力を持ちうるのだろうかという疑問です。もちろん持ちうるでしょう。新しい世界秩序に対して、日本がいかに影響力を持ちうるかを検討していきたいと思います。

日本の立ち位置

トランプはプーチンと取引をするうえで、日米同盟を最大限に利用しようとするでしょう。プーチンは同様に、中国との「友好関係」を利用しようとするでしょう。この関係において、日本が影響力を持ちうるためにはアジアとの関係を強化する必要があるでしょう。中国は中央アジアおよびアフリカにおける存在感を高めて、プーチンとの関係に影響を与えようとするかもしれません。この関連において、ロシアの経済構造と技術力から見て、北方領土における日本の経済協力はロシアが何よりも手に入れたがっているものです。これを安売りしてはならないと思います。

新しい世界秩序に対して、日本が影響力を持つためには、アジアにとどまらず他地域の国々との関係を強化することが重要です。特にアメリカと中国との関係においては、アジアとの関係強化が非常に重要です。なぜならアジアは地理的、歴史的、文化的に日本に近く、近年は官民の開発協力によって関係を強化してきたからです。

アフリカではどうでしょうか。日本貿易振興機構（JETRO）の平野克己理事は、「世界史的視野に立つならば、アフリカは、東アジアとの経済関係を主軸として世界経済とつながるようになっていくだろう」と論じています（『国際開発ジャーナル』2016年11月号）。東アジアにとどまらず、東南アジア諸国連合（ASEAN）諸国とインドとの関係も含めて、いかに日本が主体的にこれらの国々と協調して、アフリカにかかわるべきか、さらなる検討が必要でしょう。

中東では、トランプとプーチンとの取引によってシリアやイラクが平静に向かうとして、中東全体に独自の影響力を持ちうるのはイランとトルコです。

イランは安定した政権のもとで、経済の開放化や貿易の自由化を進めれば、経済制裁のもとで築き上げた経済構造を活かして強い力を発揮するようになるでしょうが、これには年数がかかるかもしれません。トルコはイスラム国とクルド人勢力のテロによって安定を損なわれていますが、経済の足腰は強く底力のある国です。歴史的にトルコ、イランと良好な関係を維持していることは、日本の大きな利点となりうると私は考えます。

シリア・イラク・イスラム国を巡る関係

中東においてトランプとプーチンの取引が、たとえばシリアについてはアサド政権を支援するロシアに対して、アメリカは反政府勢力を支援しないという形をとることは、自然だと私は考えました。これによってアメリカは「世界の警察官」としてのコストを最小限にして、シリアの安定だけでなくイスラム国のせん滅という大きな利益を得ることが可能となるからです。

このロシア主導に対してアメリカはトルコとの関係を通じて、影響力を行使するでしょう。イラクは少し難しい位置づけです。アメリカはイラクにおいて多大なコストを負担してきていますし、クルド人居住地は中東地域において貴重な親米「国」です。今後クルド族の独立の機運を巡って、トランプとプーチンとの取引にトルコが絡んでくるでしょう。トルコの強権的指導者は、恐らくトランプとは相性がよいでしょう。エルドアンが大統領である限り、トランプはトルコとよい関係を築いて、プーチンに対して有利に利権調整を行おうとするでしょう。

両者の関係に大きな影響力を持ちうるもう一つの国はイランです。イランは西洋諸国とロシアの双方と長い歴史的関係を持っています。これはアメリカが持ちえない利点となりえます。この意味ではアメリカは、第一次大戦後に無理やり作られた現在のサウジアラビアやヨルダンと同様です。違いはアメリカには理念があることですが、これはロシアとの関係においては大きな要素ではありません。

日本と中国・アジアとの関係

トランプとプーチンの取引に、日本がどうすればよい影響力を行使できるかを考えてみます。先に述べた通り、日米同盟をプーチンとの取引に利用しようとするトランプに対して、日本が影響力を行使するためには、アジアとの関係を強化することが重要です。ここで中国との関係が議論となります。

中国は南シナ海進出を自国の防衛のためと主張し続けるでしょうが、これは必然的に少なくとも東南アジアに地域覇権を確立することと同義となります。地域覇権を政策として意図的に追及しているかどうかにかかわらず、中国は一貫して地域覇権に向かって動いているといってよいでしょう。ひとたび地域覇権を確立したならば、ごく自然に中国は世界覇権を目指すでしょう。そのような前提で、最近の中国の動きを見るべきです。それに対して、いまそしてこれから何をすべきかを考える必要があります。パックス・チーノは恐らく誰も望んでいないというのが救いですが、それが実現しない保証はないのです。

アジア諸国との関係において、現時点においては中国に対して日本は圧倒的優位にあると私は考えています。第二次大戦の負の遺産はありますが、戦後の日本の歩み、そのなかでアジア諸国との関係を一貫して重視してきたことは、ほとんどのアジア諸国によい印象を与えていると考えます。なかでも戦後賠償に始まる政府開発援助(ODA)は、アジア諸国の自立に大きな貢献をしてきたといえます。同様に重要なことは、第二次大戦がアジア諸国の独立のきっかけとなったことが多くの国に認識されている一方で、日本がその貢献について公に自己主張してこなかったことです。つまり言葉ではなくODAを含む行動によって、アジアの安定と発展に貢献してきたことが重要です。

日本と中国の力関係

アジア諸国が自立して経済発展を遂げることによって、日本の支援の必要性が少なくなり貢献度が相対的に低下するとともに、日本経済の低迷によって支援する余裕が少なくなってきているというのが現状です。その間隙を縫って、中国が影響力を拡大しつつあると見てよいでしょう。アジアインフラ投資銀行(AIIB)の設立は、その象徴といえます。

日本は自らのODAとADBを通じての開発支援によっても、金銭的・量的には中国に太刀打ちできないでしょう。中国は自国のODAとAIIBを通じての資金協力に加えて、共産党による号令一下、国をあげて金・人・モノを動員することができます。囚人を労働力として動員するだけでなく、余っている技術者に仕事を与えるだけでも、建設事業を実施する国内的意味があります。囚人は寝食を保証するだけでよく、技術者は最低賃金で済みます。国営企業はいずれ淘汰されるでしょうが、独占的な民間企業は早い決断とスピード重視の事業展開や建設で、遠慮なくどこにでも進出するでしょう。

このような中国の動きは、いわば力による進出です。それに対して経済力で対抗する力は、日本にはないというのが現実でしょう。外交力においても、日本には必ずしも中国に対する優位性はなさそうです。それならばどうしたらよいのか、これが課題です。

安倍総理とトランプ大統領

ここで少し脱線になるかもしれませんが、近未来の日本とアメリカとの関係において、安倍総理とトランプ大統領との関係につき注意を喚起しておきたいと思います。安倍総理は大統領就任前のトランプ氏と真っ先に面談し、就任後最初の訪問では親密さを世界に印象づけました。このようなトランプ大統領との親密ぶりに対して、今後大統領から厳しい要求が出てきたとき、日本として毅然とした対応がとりにくくなるのではないか、との懸念が出されました。これはもっともな懸念です。

この関連において、第一次安倍内閣当時、2007年シドニーでのAPEC会合において、ブッシュ大統領より「テロ対策特別措置法」の再延長を要求され、対応できずに政権を投げ出したことが、思い出されます。安倍総理はタカ派とされますが、第一次政権を投げ出したことは、それなりに総括しているはずです。その結果として、アメリカ追随と見られたくないため、アメリカの要求を先取りして自分の考えとして主張することが懸念されます。それによって日本の国益が損なわれないように、メディアを中心として監視することが重要でしょう。

しかしながら日本のメディアの批判能力については、疑問を禁じえません。安倍内閣のイメージ戦略やメディア戦略は、特定の大手広告代理店によるといわれています。自民党の選挙向けキャッチフレーズだけでなく、首相の国会答弁にすら、メディアによるコピーのにおいを私は感じます。権力に取り込まれたメディアによるメディアと国民の制御は危険です。

7-3　新しい世界秩序を見通す条件

不確実性の増大

国際政治は日々動いており、以上で見た最近の事象も時がたてば違う見方や解釈がされるかもしれません。そのような状況にあって、新しい世界秩序を見通すことは極めて困難です。日々変化する国際情勢のなかで、一貫している趨勢や条件を見抜くことが必要です。

トランプ大統領は、半ば意図的に唐突な政策を打ち出し、世界の不確実性を高めています。

武内宏樹氏は次のように論じています。

「トランプ氏の発言には一貫性がないといわれ、確かにその通りなのであるが、不幸なことに『反国際主義』『予測不可能性』『ルール嫌い』という点では一貫している。超大国米国の大統領が、ツイッターを子供のおもちゃのように利用して、思いつきと思い込みに基づいた不規則発言を繰り返し、不誠実な言動をすることで、米国は世界秩序に対する不確実性の震源地となってしまった」(『国際開発ジャーナル』2017年6月号)

イギリスはEU離脱の決定だけでなく、離脱交渉に向けて政治的立場を強化しようとして、メイ首相が打った前倒しの総選挙は裏目に出て、不確実性を高める結果になりました。フランスでは中道で無所属のマクロン氏が、極右政党の女性ルペン氏と僅差で大統領を争っていると見られましたが、結果はマクロン氏の圧勝でした。フランス大統領として最年少のマクロン大統領は新党を結成し、その後の総選挙でも圧勝しています。

テロと移民・難民政策

トランプ氏のアメリカ大統領選挙勝利をはじめとして、アメリカ、イギリス、フランスで2016年以降に起こった事象をすべて見通していた人はいないのではないでしょうか。不確かな国際情勢のなかで、確かなことは不確実性の高まりだけのように思えます。このような不確実性にさらに輪をかけているのが、頻発するテロです。メイ首相の総選挙「敗北」に見られるように、テロ対策や関連する移民・難民政策が、国際政治に大きな影響を持っているようです。

それならば、新しい世界秩序を見通すためにはテロにどう対応するか、移民政策や難民支援をどうすべきか、これらの課題に向き合わなくてはいけないでしょう。イスラム国をせん滅するための反テロ戦争は必要でしょうが、これはいわば対症療法です。対症療法には副作用があると考えなくてはならないでしょう。池内氏がいうようにイスラム国の掃討作戦は、「短期的にはテロを増加させるというジレンマ」があります。中長期的にも、パレスチナ紛争のように報復の連鎖とならない保証もありません。

理念と現実の乖離

反テロ戦争だけでは答えにならないのは明らかです。ではどうしたらよいのか。関連する課題である、移民政策や難民支援に一つの示唆があると私は思います。たとえばフランスは、国家理念を共有することを条件として、旧植民地からの移民を積極的に受け入れてきました。それが多民族国家としての活力となった面もありますが、多くの移住者が感じる理念と現実との乖離によって社会的不安定の根源にもなっています。マクロン大統領が、この問題にどう取り組み国民の融和という抜本的な解決を図るのか、注目されます。

私はここに、今後の方向性についての一つの示唆を見ます。フランスの移民政策は寛容といってよいかもしれません。しかしフランスの国家理念を受け入れて移住者が幸せに暮らせるためには、まず理念が適切であること、次に政策や施策の実践が理念を的確に反映していること、これらが必要です。

私はフランスの国家理念に精通しているわけではありませんが、1789年のフランス革命で掲げられた「自由・平等・博愛」が建国の理念と理解しています。立派な理念ですが、政教分離・世俗主義を掲げているにもかかわらず、カトリックのにおいを感じます。この理念を掲げて旧植民地からの移民を受け入れるよりも、同じ理念を掲げるかどうかはともかく、旧植民地で住民が幸せに暮らせるようにした方がよいのではないか、というのが私の問いかけです。

理念による影響への配慮

すぐに答えが出ない問いかけですが、検討すべき課題は明らかでしょう。一つは理念および理念をいかに共有するかの方法です。後者は情報力にかかわります。新しい世界秩序を展望するうえで、「理念と情報力がカギ」ということです。フランスが国家理念を旧植民地においても広めてきたことは、悪いことでは決してありません。その理念と世俗主義からすると、イスラム教にせよユダヤ教にせよ宗教に基づく社会的習慣や生活に対して、政治が影響力を行使してはいけないはずです。宗教的に非対称的な影響を持つ政策・施策は、フランスの国家理念に反するでしょう。

もう一つ私は、開発協力のやり方を改めて考え直す必要があるという点を強調したいと思います。開発協力は、相手国側の社会や文化・宗教を尊重するのが大前提のはずです。民主主義のように普遍的と思える理念でも、国によっては安定よりも混乱を助長しているという事実を謙虚に受け止める必要があると思います。西洋的な一つの理念を共有しようとすることが、理念の押しつけによる相手国側固有の社会や文化・宗教に対する抑圧になっていないか、といった配慮が必要だということです。

第8章 日本の持つ優位性は何だろうか

8−1 技術による優位性と活かし方

日本の役割の模索

先進諸国の経済的停滞とアメリカを中心とする軍事的抑止体制の後退、中国の軍事的進出と新興経済国の台頭、中東を震源とする国際的な治安悪化等によって、これまでの世界秩序が根本的に改変を迫られています。そのなかで日本は、新しい世界秩序の構築に向かってどのような役割を果たすべきでしょうか。

これまで日本は経済力によって国際的影響力を行使してきましたが、これには陰りが見えています。経済大国として、ＯＤＡ世界一を誇った１９９０年代の再現はできそうもありません。また経済発展だけでなく、環境面・社会面への配慮、さらには他国の文化や歴史・宗教に対する配慮がますます重要と認識されてきています。

このような幅広い認識において、日本および日本人は潜在的な優位性を持っていると私は思いますが、それをさらに高め新しい世界秩序に向けていかに活かすかが問われるところです。外交に活かすことも、もちろん重要ですが、外交力は日本が特に強い能力ではなさそうです。

日本の影響力の源泉は質・技術

7−2節で途上国との関係における日本の優位性を、中国を中心として比較し論じました。アジアのほとんどの国との二国間関係においては、戦後の努力によって日本は中国に対して優位性を持っていると思います。しかし今後日本は、資金と人材の動員における物量においては中国に対抗できそうもありません。日本が勝負できるのは質であり、技術です。

ODAに関して最近強調される「質の高いインフラ輸出」は語弊のある表現ですが、「質」を目指すという意味では正解です。ただしここでいう質とは、単にコンクリートの配合比や施工方法が適切で、品質のよいコンクリートでインフラを作るといったことではありません。3−2節で論じたように、各種インフラ整備の優先度判断や個々のインフラ施設の計画・設計が優れていること、建設にとどまらず管理・運営にまで配慮すること、優先度判断や計画・設計に現地条件を反映し相手国にとっての質が高いこと、これらこそ重要です。このような意味での質の高さは、設計・施工にかかるエンジニアリングというハード技術、および施設の計画や運用管理にかかるソフト技術によってのみ保証されるものです。

質の高いインフラ輸出には、ときとして異論があるかもしれません。多くの途上国が望むのは質以上に量であるという人もいます。しかし質の高い技術協力については、議論の余地がないでしょう。途上国はいうに及ばず他の先進国と比べても、日本人技術者は同じ技術に対して技術報酬額が大きいというのは概ね事実です。しかし3-2節でも述べたように、技術は属人的なものであり、「同じ技術」という表現は正確さを欠きます。相手側の立場に立って、自分の持つ技術を相手方に最も役に立つように誠意をもって提供すること、そういう意味の質の高い技術こそ、日本が提供すべきものです。

少し高いけれど質の高い技術を提供するためには、エンジニアリングに代表されるハード技術に加えて、ハード技術を活かすためのソフト技術、さらには相手方に最も役に立つように努力する誠意ある姿勢が重要です。これこそ3-2節で述べた日本型開発コンサルティングの意味です。

代替社会経済と日本の優位性

日本がアジアをはじめとする開発途上国との関係を強化し、それによって新しい世界秩序によい影響を行使するための、もう一つの重要な方法があると思います。それは途上国との協働による新しい開発モデルの追求、およびそれを支える技術の共同研究開発です。産業革命から続く先端技術に支えられた、資源集約型で経済効率を一義とする20世紀型開発は、先進国・途上国を問わず多くの環境・社会問題を生じてきました。このようなモデルに代わる新しい開発モデルが求められます。

新しい開発モデルを、私は代替社会経済と呼んでいます。その内容は第5章で説明しましたが、要点は資源を資本ととらえて保全し、経済成長よりも雇用創出を重視するモデルということです。代替社会経済も自由貿易を前提としますが、それを経済効率一辺倒としない仕組みを作ることが重要です。

代替社会経済を支えるのは、適正技術ないし中間技術と呼ばれるものであり、伝統的技術や知恵を先端技術で補完するもの、と私はとらえています。国際開発ジャーナル誌の２０１６年2月号で木村亮論説委員は「ミドリムシが地球を救う」という考え方を紹介しています。株式会社ユーグレナによるミドリムシを食料や燃料に活用しようという取り組みに見られるように、バイオテクノロジーを含む先端技術が、開発途上国における課題解決のために適用される時代なのです。先端技術を途上国に適用するうえでは、何らかの技術革新が必要です。

同じく4月号で角南篤論説委員は、「日本の新薬開発の技術を活かし、開発途上国の感染症対策を促進しようとするこころみ」を紹介しています。そして「貧困と感染症の悪循環を断ってこそ、日本が推進する『人間の安全保障』が実現される」と論じています。さらに医療ビッグデータの活用や日本の強みである医療介護ロボットについても示唆をしています。

途上国との共同研究開発

そのような適正技術を開発するためには、途上国との協働が不可欠です。日本が持つ伝統的技術および先端技術は、人や環境に対するやさしさに特徴があり、他の先進諸国の追従を許さない、と私は考えています。このような技術を提供して途上国に適合するよう共同研究開発をすることは、今後の日本のODAにとって重要な方向であると考えています。

新しい世界秩序がどのようなものであり、それが誰によって支えられるにせよ、日本はできる限りよい影響を与えるよう努力すべきです。日本は軍事力や外交によって世界秩序に貢献するうえでは限界があり、技術による貢献が最も重要です。しかし技術は本来中立であり、どのような技術かを問わなければならないでしょう。

20世紀型開発に代わる代替社会経済を支える適正技術において、日本はよい位置にあることを認識すべきです。代替社会経済の追求およびそれを支える適正技術の共同研究開発を通じて、アジアをはじめとする開発途上国との関係を強化すること、これが米ロ「密月」あるいは米中接近がどう展開するにせよ、新しい世界秩序に日本がよい影響を与える最も適切な方法だと思います。

8-2 日本人の感性と自然観・宇宙観

人にやさしい技術革新

4-3節で論じたように、近年開発された人にやさしい技術のほとんどすべてについて、日本は真っ先に技術革新に貢献したかあるいは世界最先端の技術を持っています。人に痛みを与えない検査や医療の技術、人が立ち入りにくいあるいは立ち入るのが危険な場所で、人に代わって作業をする各種ロボットの技術は、その代表です。さらに近年では、日常生活を便利で豊かにするさまざまな電子機器類は大半が日本人によって生み出されています。

これは偶然ではありえません。人にやさしい技術は日本文化に深く根差しており、それは比類なく美しい土器や世界最古の漆器を生み出した縄文文化の伝統とつながっているでしょう。その根底には、日本人の優れた自然観・宇宙観があるというのが私の考えです。そのことを裏づける事象を、いくつか説明したいと思います。

海への恩返し

1997年に石油タンカーからの石油流出という日本近海では初の事故が日本海で起こったとき、ロシア船籍のタンカーから流出し漂着した重油の除去作業を黙々とする老婦人の言葉を、読売新聞の読者が投書で伝えていました。
「『私はこの海に恩返しをしているんです』……『私はこの海に育てられてきたんですから』と、おばあちゃんは白髪を風になびかせながら、落ち着いた口調で続けた。『私の生きている間はもとには戻らんかもしれないけれど、少しでもきれいにしてやらんとね』」(読売新聞朝刊、1997年3月5日)
当時この投書に触発されて、新しい世界秩序を支える原理について、私は直観によって「自分自身をはぐくんでくれた環境に対して、自分がよいと感じることはよいことだ」とあえて表現してみました。この表現がどれほど適切かはまだわかりません。しかし私がそこに込めたことは、「環境」が自分をはぐくむという感覚、自分が実感できることを基にして考え、判断するということ、複雑な世の中で本当に何が「よいこと」なのか、を考え追求する姿勢です。先に引用した老婦人と共通する姿勢です。そして私は、この老婦人は「世界観という以上に宇宙観を持っている」と論じました。

「『海に育てられた』、『海への恩返し』という感覚は海のなかに魂を見ているといえる。これをアミニズムの一典型という人もいるだろうが、日本人の本来の『カミ』意識が海によっていることに関係している、と私は思う。……世界に数多い石油流出事故のなかで、これほどまでに修復に成功した例がかつてあっただろうか。大事なことは、テレビカメラの前で環境運動家という特別な人たちが油まみれの海鳥を救うのではなく、普通の人が完璧な修復をしたことである。その行為を支えた感性、さらにいうと宇宙観に、日本人が新しい国際秩序を支える価値観の構築に貢献しうるものがある、と私は思う」（『匿名性とブラックボックスの時代』文芸社、2006年）

新しい世界秩序を支える原理や理念が求められています。それが普遍的な価値を持って幅広く受け入れられるためには、グローバル経済を支える「経済効率」と少なくとも同じくらいわかりやすいものでなければならないでしょう。表現はともかくとして、「環境」に対する実感が伴うものであるべきだと思います。

「もったいない」の意味

２００４年に環境分野で初のノーベル平和賞を受賞したケニア人女性、ワンガリ・マータイさんが、２００５年の来日の際に「もったいない」という日本語に感銘を受け、この美しい日本語を、環境を守る世界共通語として広めることを提唱しました。マータイさんが、英語でどのような説明を受けてこの日本語を理解するようになったのかは知りませんが、私はこの日本語の意味を「自然の摂理に反する」と理解しています。

私はかつてＩＣＴ化による感性の鈍化、その表れとして感性にかかる日本語の衰退に懸念を表明しました。その際、「もったいない」について次のように述べています。

「モノの扱いに関して用いるときの『もったいない』という言葉は、英語等では『無駄である』という感情ならぬ勘定の表現になってしまう。日本語のように感情が反映されないのである。心や気遣いに関して『もったいない』というとき、心や気遣いが『無駄である』ということではまったくない(同)」

「もったいない」を「自然の摂理に反する」と理解すると、これらすべての用法が説明できるでしょう。モノを無駄にすることは、自然の摂理に反します。人に過分な気遣いを受けた際「もったいない」というのは、自然界において自分はそのような扱いを受ける位置にはないと感じるからでしょう。自然に対する謙虚さの表れといってよいでしょう。自然の摂理あるいは神の摂理は、宇宙観といってもよいと思います。これは多くの日本人が、ごく自然に持っている感覚ではないでしょうか。

「腹八分目」は日本の文化というより自然の摂理

自然を畏怖し、自然の恵みに感謝し、自然と共存するのが日本文化の特徴です。このような文化がはぐくまれてきたのは、日本列島の自然条件によるところが大きいでしょう。四季のある美しい国土、海に囲まれ黒潮と親潮の流れが運ぶ豊かな海洋・水産資源、山岳から平野まで多様な自然条件・動植物に恵まれていることが、自然を生かし自然の恵みに感謝する心をはぐくむのは自然だと思います。

一方で、日本列島は地震や台風による自然災害に襲われ、人びとは山崩れや洪水等によって大きな被害を受けます。これによって自然に対する畏怖の念を深く抱き、また自然の寛容を祈ってきたでしょう。そしてよみがえった自然の恵みに接して、自然に対する感謝と畏怖はさらに高まったに違いありません。

自衛隊で特殊部隊を創設した伊藤祐靖氏は、自然界のルールについて「弟子」としたフィリピン女性に次のように語らせています。

「(自然界では)殺し、殺されながら共存しているのよ。そのためのルールがあるわ。全部を生き残らせようとしたら全滅するし、必要以上に殺してしまえば、自分が飢えるようになっているの」(伊藤祐靖『国のために死ねるか　自衛隊「特殊部隊」創設者の思想と行動』文春新書、2016年)

そして伊藤氏は「腹八分目というのは日本の文化というよりは、自然界のルールなのだ」と悟るのです。自然を畏怖し、自然の恵みに感謝し、自然と共存してきた日本で生まれて生きてきたものが、「腹八分目」という表現で「分をわきまえる」ことをよしとし、貪欲にむさぼることを「はしたない」とするのは自然なことでしょう。伊藤氏は「テロリストも……満腹のくせに、さらなる富や快楽を手に入れようとする勢力に追い詰められた者の断末魔の抵抗」かもしれないと示唆しています。

最後に伊藤氏は、日本の国としての理念を次のように語っています。

「満腹でもなお貪欲に食らい続けるような国家ではなく、肌の色や宗教といわず、人といわず、命あるものといわず、森羅万象すべてのものとの共存を目指し、自然の摂理を重んじる国家であってほしい」(同)

特殊部隊のみならず、国を守る覚悟を持って日々研鑽し準備している者にとって、「自分が命をささげるに値する崇高な理想を目指す国家であってほしい」と結んでいます。治安の悪い途上国の現場で日々開発援助に携わっている開発コンサルタントも、大半は同じように感じているでしょう。

和と公の意識

日本人の自然観は、自然の一部である人に対する認識に当然反映されているはずです。自然と共存する姿勢は、人と人との「和」の意識に通じているでしょう。世界初の憲法である聖徳太子の『十七条の憲法』は、「和をもって貴しとなす」で知られています。

「一にいう。和をなによりも大切なものとし、いさかいをおこさぬことを根本としなさい。人はグループを作りたがり、悟りきった人格者は少ない。それだから、君主や父親のいうことにしたがわなかったり、近隣の人たちともうまくいかない。しかし上の者も下の者も協調・親睦《しんぼく》の気持ちをもって論議するなら、おのずからものごとの道理にかない、どんなことも成就《じょうじゅ》するものだ」(金治勇『聖徳太子のこころ』大蔵出版、1986年)

「和をもって貴しとなす」という意識は、「公」の意識なしには成り立ちえません。和をもって何かを決める場と方法が「公」です。このことを明治天皇の五か条のご誓文は、「広く会議を興し、万機公論に決すべし」と表現しています。

技術による美の文明への貢献

4-3節で人にやさしい技術革新は美の文明に貢献し、人を不幸にする技術革新は力の文明に貢献すると述べました。日本として日本人としては、人にやさしい技術によって美の文明に貢献すべきです。これは自然と共存し、自然の摂理に沿った生き方・考え方をしてきた日本人にとって自然なことです。和を尊び、公によって判断し決断するのが、日本人のやり方です。

美の文明に貢献する技術は、理性以上に感性によって支えられます。4-3節に分析する文化と統合する文化という文化の二分法で論じたように、最近のICT技術が理性を強化する傾向がある一方で、感性を鈍化させる傾向があり、人にやさしい技術革新を生み出す能力が低下する可能性を私は懸念しています。そうならないためには、ＩＣＴ技術も活用して感性を磨くのがよいと考えます。

8–3　美の文明に貢献するための条件

感性の危機

かつて私は、ＩＣＴ技術の発展・普及による「感性の危機」について論じました。次のように総括しています。

「情報通信技術の発展・普及は、それに無自覚に依存することによって『匿名性とブラックボックス』の時代を作り出してしまう。そのなかで、普通の人は感性を鈍らせ想像力を萎えさせてしまう傾向がある。この傾向は、決まり事で動く閉鎖性の強い社会では特に強くなる。これは日本文化の衰退につながり、その兆候は感性に関わる日本語の死語化に典型的に現れている。日本文化の衰退は、世界の平和・人類の幸福にとって望ましくない」(『匿名性とブラックボックスの時代』文芸社、２００６年)

そして感性を磨き、日本社会・日本文化を活性化して、世界の平和・人類の幸福に貢献しなければならないと提案しました。

個人ができること

同書では、感性を磨くために個人としてできることを例示しています。糸井重里氏による『萬流コピー塾』は感性を磨くが、回文は人間をコンピューターにするというのは一例です。若い人たちの本離れやコンピューターによる音楽や演劇の配信・鑑賞はけしからんといっても始まらないとし、交流の媒体は使い方次第として、携帯電話によって投句させる俳句の講座には感心するといいました。「感性を働かせる場があって、感性を刺激するインプットや刺激の結果としてのアウトプットを伝える媒体としてインターネットや携帯電話が活きる」と論じています。

感性を働かせるには、外から刺激するインプットが重要な役割を果たします。よいインプットとするためには、視覚・聴覚・味覚・臭覚・触覚の五感を存分に働かせるのがよいでしょう。味覚・臭覚だけでなく視覚にも訴える日本料理、異なる分野のアーティストのコラボレーション、異なる素材や技法あるいは媒体を組み合わせるさまざまな前衛芸術、これらは感性を磨くと論じています。

アウトプットの機会を増やすこと

感性を磨くために重要なもう一つの方法として、アウトプットの機会を増やすことを提唱しています。インターネットや電子メールの普及を中心として、インプット過多の時代になっています。この状況はアウトプットの機会も増やしていると勘違いされがちですが、これは「インターネットの落とし穴」であるとして、以下のように論じています。

「受け止められない発信はアウトプットとならないので、インプット過多に対してアウトプットの機会が不足している。この状況はインプットに対する感度を鈍くし、いずれは想像力を萎えさせる。そして想像力の萎えた者による過激なアウトプットという社会的圧力が高まる。つまりいじめ社会が助長されて犯罪が増えるのである」(同)

想像力の萎えた者による過激なアウトプットは、他者を傷つけます。日本社会においても、このような事例は最近では枚挙にいとまがありません。これは管理社会の弊害ともいえます。アウトプットの機会を増やすことが重要です。個人としてすぐできることとして、「隣の人と話をする」のがよいと提唱しています。隣の人と話をするとは、受身ではなく能動的になるということを意味します。そして「相手が理解してくれるように工夫しながら話し、自分の話したことが相手にどう受け止められるか想像しながら話す。こういうことが感性を磨き想像力を高めるうえでも役に立つ」と示唆しています。

これは対面によるコミュニケーションですが、最近では一緒にいながら一人でテレビゲームをやっていたり、食事中もその場にいない人とスマホで「対話」をしている人が多いようです。これでは想像力は刺激されないでしょうし、スマホによる単純化された「対話」は、感性を磨くよりも短絡的な反射神経を磨くのがせいぜいでしょう。

日常用語で話すこと

相互依存のボーダレス社会は、思いもよらないことが互いに影響しあう世界です。そのなかで複雑な事象について議論するには、だれもが日常用語を用いることが重要でしょう。
「自分の実感できることのみを日常用語で語ること、実感できないことはおかしいということ、が大切である。知ったかぶりで語ること、専門用語を曖昧な理解のまま使って論を進めることは、社会的に無責任である以前に、聞き手に対する礼を欠く行為である。実感できることを語り合うことによって、相手に対して自らが負うことのできる倫理上の責任が生じ、信頼関係が醸成されていく。本当のコミュニケーションとはそういうものであろう」(同)
さまざまに異なる背景を持った人たちと複雑な事象について議論をし、実現可能な合意を形成していかなくてはならないのが現代世界です。異なる背景を持つ人たちは、それぞれ異なる規範を持つ社会に属しています。規範とは、それぞれの社会にとっての正義といってもよいでしょう。

開発と正義

私は開発および開発援助との関係で正義について考え、いかなる正義も規範も絶対的ではないと理解したうえで、世界秩序にかかる二つの不安を抱きました。一つは、自分の属する社会にとっての正義を主張し争い合う可能性です。これはアマルティア・セン教授が『アイデンティティと暴力』（勁草書房、2011年）で論じていることで、まさに現在の世界の状況です。もう一つは、最も正義の状態が保証されやすい状況が、現実的に最善とされてしまうことです。いわゆるパックス・アメリカーナが成り立たない現在において、これに代わる秩序の形成が期待できるのでしょうか。

このような私の不安や疑問に対して、答えを与えてくれたのがセン教授による『正義のアイデア』（明石書店、2011年）です。異なる規範を持つ社会に属する人たちが合意するためには、政治家や学者が完璧な正義の社会を定義する必要はなく、不特定多数の人が理性によって公共的討議を重ねることが重要ということです。教授は「偏見を持たずに情報を受け入れ、違う立場の人たちの議論を熟考し、根底にある課題をどう見るかについて双方向の討議を行うことによって、概してわれわれはすべて理性的でありうる」として、不特定多数の人の理性に対する信頼を表現しています。

公共的討議の場としてのコミュニティ

センス教授は「無制限の公共的推論の役割は、一般には民主的政治にとって、特には社会正義の追求にとって極めて中心的なものである」と論じています。正義を論じ、正義に近づくためには、公共的討議の場としての社会の仕組みが重要ということです。その仕組みは当然のことながら、一部の人びとのみによるもの、あるいは特定の人びとを排除するものであってはならないでしょう。

正義が特定の社会のなかあるいは制度のもとでのみ評価されるのではなく、グローバルに評価されることを保証するのは、「人の視野の広さ」や「相互関係の強さ」です。このことを踏まえて私は、セン教授の論考を以下のように総括しました。

「正義を評価する仕組みは、広い意味におけるコミュニティである。コミュニティの本来の定義は地縁的共同体であるが、人間一人ひとりのアイデンティティの媒体という、本質的な意味におけるコミュニティは、正義を評価する基本的仕組みととらえることができる。われわれの選択と行動が、近くにいる人びとだけでなく、遠くにいる人びとの暮らしにも影響を与えるグローバル社会にあって、自分の属するコミュニティのみならず、他者のコミュニティとも同化することが、正義の評価には不可欠だということである」(『開発援助と正義』幻冬舎ルネッサンス、2013年)

参加型コミュニティ開発

コミュニティはその成員が人間開発(自己啓発)を図る媒体であり、そのなかの人間関係や制度を強化するのがコミュニティ開発といってよいでしょう。外からの押し付けではなく、住民の自発的な協働を通じて人間開発・社会開発を図るのが、参加型コミュニティ開発です。これをJICAブランドとして、私は以下のように論じています。

「参加型開発を、JICAほど真面目に実践しているドナー(援助機関)はいないと私は見ている。ほとんどのドナーは参加型について論じるが、その実践となると形ばかりで体裁を整えているだけと思える。悪くいうと、参加型を反映したというアリバイ作りである。……JICA

は参加型を律儀にとらえ、模索しつつ実践し、それなりの成果も上げている。この面では今や他のドナーの追随を許さないといってよい。『JICAブランド』と呼ぶゆえんである」(同)

他ドナーによる参加型コミュニティ開発は、援助する側が方法論を確立するために実施しているように見える場合が多いと感じます。そのため住民に対する要求が過大になりがちです。一方JICAは、比較的簡単な方法を一貫して適用し、住民の本音を引き出そうとしています。これを支えるのは、先に述べた日本人の「和と公」の意識ではないか、と私は考えています。

開発援助は、不正や不公平を少しでも正す方向で実施するという意味で、正義の実践であるべきというのが、私の主張です。先に説明したセン教授の正義論に照らして、参加型ワークショップは正義に近づくための「公共的討議」ととらえることができると、私は考えています。開発援助における参加型コミュニティ開発は、以上述べた本質的意味において重要であり、その実践において日本は固有の優位性を持っているというのが、私が信じるところです。

再び聖徳太子の『十七条の憲法』を引用しましょう。

「十七にいう。ものごとはひとりで判断してはいけない。かならずみんなで論議して判断しなさい。ささいなことは、かならずしもみんなで論議しなくてもよい。ただ重大な事柄を論議するときは、判断をあやまることもあるかもしれない。そのときみんなで検討すれば、道理にか

なう結論がえられよう」(同)

センの教授のいう「不特定多数の人が理性によって公共的討議を重ねることが重要」という考えが、見事に表現されているといえるでしょう。これこそ日本人が自然に持っている「和と公」の意識ではないでしょうか。

第9章 日本の開発協力はどうあるべきか

9-1 日本のODAの理念と方向性

ODA理念の根幹

　日本にとってODAは外交の重要なツールといわれます。日本が国際社会において主体的な貢献をするためには、個々の日本人が自我を確立して主体性のある言動をすることが基本条件だと思います。両者をつなぐもの、主体性を支える背骨のようなもの、それが歴史だと私は考えています。「歴史とは夢、夢とは歴史」です。理念のあるODAは国民に共有できる夢（＝歴史認識）を与えることができると私は考えます。

　それならば日本のODAの理念の背後には、日本が国として何を目指すのかについての、共通認識があるべきです。国民の幸福の条件として日本と日本人を誇ることができること、これに貢献するODAであるべきです。

多くの途上国が、他の先進諸国ではなく日本に学びたいと思っているといえます。その機運を高め、その期待に応える必要があります。途上国の人材育成に貢献するための教育支援は、崇高な使命です。教え教えられるという直接的関係を越えて、教育とは生きることそのものです。「日本に学ぶ」ことが意味を成す前提は、学ぶものがあることです。広い意味で日本の行き方、日本人の生き方が問われると思います。

○ODAを通じた日本の国際貢献のこれから

「日本に学びたい」と思っている多くの途上国に対して、日本として貢献できる分野がたくさんあります。一つには科学技術の提供ですが、どのような科学技術かを問うことが重要です。質の高いインフラ支援は、間違いなく日本の得意分野ですが、その内容をインフラの維持・管理・運用も含めて吟味する必要があります。積極的平和に貢献する平和構築支援は、日本にふさわしい分野です。

個別の援助分野にとどまらず、開発援助における大きな方向性が求められます。一つの方向性は、これまで繰り返し論じてきた代替社会経済の追求によって与えられるでしょう。もう一つ日本型開発コンサルティングの推進を掲げたいと思います。省エネ・省水技術やリサイクル技術、また人にやさしい技術は日本の得意分野です。それらが目指すのは、「美の文明」への貢献です。

社会的弱者の救済

3−1節で私は、社会的弱者とされている人びとや国々を支援すること、これが開発援助についての私の定義であると述べました。この考えはかなり前から私のなかで定着しているのですが、これを公に掲げたのは、2011年の『国際開発ジャーナル』1月号の年賀広告によってでした。その後、6回にわたって連載させていただいた『援助再考』の冒頭で「社会的弱者の救済を日本のODAの理念として掲げよ」と論じました。さらにこの連載を基盤として『開発援助と正義』(幻冬舎ルネッサンス新書、2013年)を出版しました。

社会的弱者の支援という理念は、国益と矛盾するものではありませんが、そもそも国益とは何でしょうか。3−1節で論じた通り、国益のとらえ方はさまざまあります。ODA事業によって日本企業の海外進出が促進されることや、開発途上国の経済発展によって貿易が拡大することを国益だとするとらえ方もありますが、私は相手国の役に立つことこそが国益だととらえています。卑近な例ですが、東日本大震災に際して多数の途上国から支援が届いたことは、ODA

が途上国に評価されてきたことの一つの証左です。

社会的弱者の支援という理念は日本人の国民性に合うと私は思います。援助理念として、日本人に一番受け入れられやすいのは「人道」でしょうが、もう一つ広く受け入れられているのは「相互依存の認識」です。これは「情けは人の為ならず」という表現で、日本社会に定着しているでしょう。

さらに日本は、国際連盟設立の際、連盟規約に人種的差別撤廃を入れるように提案し、国際会議で人種的差別撤廃を明確に主張した世界で最初の国です。この提案は米・英によって葬り去られたわけですが、少なからぬ途上国に歓迎されたといいます。その日本が国際社会の弱者国・地域・民族を視座の中心において開発協力を実践することは、歴史的視点からもふさわしい役割ではないでしょうか。これは日本企業も含めて、広く日本人の志向に合致すると思います。

ただし社会的弱者の支援を実践するためには、自らは強者でなければなりません。3－1節で、アフガニスタンを国際社会の弱者国と論じましたが、アフガニスタン人が弱者だと思ったら大間違いです。社会的弱者も個人としては強者かもしれず、弱者が差し伸べる手に依存しようとは思わないでしょう。

日本はいかにして強者足りうるか？

それでは日本はいかにして強者足りうるでしょうか。日本の強さの根源としては、かつては経済力が重要だったかもしれませんが、最近では陰りが見えています。また日本は外交力が強い国とはいえません。結局7－1節で示唆したように、広い意味での技術力以外に日本の強さの根源はありえません。なかでも人に優しい技術、生活に近いところでの技術革新に日本の強みがあります。「美の文明」に貢献する技術です。

もう一つ、東日本大震災で示されたといわれる日本社会の強さを信じたいところです。支援を受ける被災者の謙虚な態度や支援者への感謝の姿勢は、日本社会の絆の強さとして論じられます。その根源は日本人の自然観にあると私は思います。自然を畏怖し、自然に感謝するのが日本人の自然観です。この大震災のような自然災害は起こりうること、自分に起こっても不思議ではないと誰もが感じるのです。そこには支援するのが当然と考える者と、それを素直にありがたいととらえる者がおり、双方に謙虚な姿勢があります。

これからの開発協力においては、環境保全とともに社会開発の重視が求められます。相手国の文化・社会を尊重することは、開発協力の実施において当然のことです。文化・社会の多様性を許容するだけでなく、人類の種としての強さの根源ととらえるべきでしょう。相手国や地域の文化・社会を含めた地場資源を活用する開発協力こそ、経済グローバル化の弊害を克服する方法です。これは地域開発協力にほかなりません。地域開発とは、地場資源の地域住民による地域住民のための活用による開発であり、そこには公正の概念が埋め込まれています。

また地域開発は貧困削減のための第三の、そして究極のアプローチです。これまでの貧困削減アプローチを、私は世銀型と国連型と呼んでいます。世銀型アプローチは、経済開発を追求してその波及効果によって貧困削減を図るものです。このアプローチは3－1節で述べたように、1970年代までの世界的な開発援助を通じて破たんしています。国連アプローチは、貧困層に対して社会的セーフティネットを提供するものです。基礎教育・保健等の基本的な社会サービスを提供することは貧困削減の必要条件ですが、それだけでは持続的発展の活力は生じません。

地域開発は貧困層による生計活動を、地場産業を介してグローバル経済につなぐことによって、貧困を削減するアプローチです。それによって生計活動を活力ある経済活動へと育成することができます。第7章で論じた一次産品を基盤とする産業クラスターは、そのための重要な方法です。貧困削減のためには、社会サービスを提供するという必要条件に加え、技能訓練や組織強化、さらにコミュニティ開発によって、資源活用の機会を広げることが必要です。

最近いわれるようになった包摂的成長(inclusive growth)は、経済成長によって取り残される社会層が存在しないことを意味しています。概念としては正解でしょうが、それを実現する方法論が必要です。経済成長によって上から引っ張り上げる(トップダウン)だけではなく、下から盛り上げる(ボトムアップ)ことが不可欠です。つまり参加型開発です。なかでも参加型コミュニティ開発は、日本と日本人の得意分野といえます。

正義の国を目指して

技術によって、積極的かつ効果的に「美の文明」に貢献するためには、それなりの力が必要です。それは一つには情報力、主体的に情報を発信する力です。よいことをよいといい、美しいものを美しいと伝える情報発信力です。よい理念を主体的に発信するためには、思想が必要です。そして思想を支えるのは究極的には宗教でしょう。それも偏狭で排他的な一神教や各種原理主義ないし疑似宗教ではなく、偏在する神を感性でとらえる宗教であると私は思っています。それは日本人が持つ自然観・宇宙観と相通じるものだと思います。

日本は開発援助において理念と戦略を持って、正攻法を貫く勇気を持つべきです。『開発援助と正義』で論じたように、「不正と不公平に満ちみちた国際社会において、日本は正義の国たれ！　開発援助は、正義を実践する方法足りうる！」というのが、私が信じるところです。世界には国益むき出しで資源を漁る国や国益追求を正義と主張する国等がありますが、日本がそのような国と同じになったらわれわれは人類に絶望するしかないでしょう。日本は「普通の国」になってはいけないと私は思います。

9–2　平和構築への貢献

新安保法制と積極的平和

現行憲法のもとでも集団的自衛権の行使が容認されるものとして、積極的平和主義を掲げる新安保法制が導入されました。安倍首相は戦後70年談話のなかで、「積極的平和主義」の旗を高く掲げ、世界の平和と繁栄にこれまで以上に貢献していくと述べました。積極的平和主義は談話の英文では"proactive contribution to peace"と表現されています。これは一国平和主義との対比によって説明され、日本が憲法に沿って戦争をしないだけでは、世界平和は実現されないだけでなく、日本の安全も保障できないとの認識によっています。

これに対して平和学の研究者や紛争地での人道支援に携わっているNGO等から、積極的平和の意味が違うと異論が出されています。積極的平和とは平和学の概念で、「消極的平和」の反対を指します。「消極的平和」が単に戦争や紛争のない状態であるのに対して、「積極的平和」の状態とは、戦争や紛争の原因となる貧困や差別、抑圧のない状態をいうのです。貧困や差別、抑圧のある社会は、たとえ戦争や紛争が発生していなくても暴力が構造的に組み込まれた社会であるということです。

開発援助の役割

開発コンサルタントとして私は、開発援助は社会的弱者である国や地域の住民を支援することと定義し、機会あるごとに若い人たちに伝えています。第3章に述べたように「なぜ開発援助をするのか」との問いに対して、独立行政法人国際協力機構の理事長であった緒方貞子氏は、「そこに助けを求める人びとがいるから」と明快な回答をしています。これは困っている人に直接手を差し伸べる一人一助のNGO活動を想起させます。開発コンサルタントとしては、この回答にとどまらず「なぜ助けを求める人びとがいるのか」と問う必要があるでしょう。そうするとさまざまな格差(所得、政治力、情報力等)、それによる社会的弱者の存在に思い至るでしょう。そして貧困とは、社会的弱者の象徴的表現です。

社会的弱者を支援する開発援助ならば、格差の原因である社会的不正・不公平、利権構造等にどう対処するかについて、意識的にならざるをえません。したがって開発援助は政治的判断と無縁ではありえない、と私は若い人たちに伝えています。開発援助が政治的判断によって実施されていると見るのは、国際社会の常識といってよいでしょう。「貧困や差別、抑圧のある社会」に対して、格差の原因である社会的不正・不公平、利権構造等を、少しでも是正する方向で開発援助をしなくてはならない、と私はいつも考えています。

つまり先述の「積極的平和」の文脈で表現するならば、積極的平和の構築に貢献することこそ、開発援助の役割なのです。一方、日本の新安保法制の文脈における積極的平和主義とは、アメリカを中心とする軍事による紛争防止体制に積極的貢献をすることによって、日本に対する攻撃への抑止力を高めることを意味します。後者の意味の積極的平和主義が、前者の開発援助による積極的平和への貢献に、いかなる影響を与えるか、意識しないわけにはいきません。

現行憲法と国連の理念

新安保法制についての議論は、現行の憲法、特にその第9条の意味を改めて考える契機を与えたといえます。私はかつて有名なカントの定言命法を出発点として、現行の憲法につき次のように論じました。

「日本語としての表現はさておき、また誰がいかなる意図で日本国憲法を起草したかは別として、その前文は日本が道徳的存在として国際社会において、正義を論じ実践することができるよう意図しているかのように見ることができる」(『開発援助と正義』)

その時は意識していなかったのですが、この前文と第9条は当時国際社会が希求していた国際的な新秩序の理念とつながっていたことに、最近気づかされました。憲法9条の戦争放棄の規定は、同時進行していた国連の理想実現への努力と、分かちがたく結びついていたのです(加藤典洋『戦後入門』)。ただし「日本国内で、それを強固に、かつ頑迷に支持することになる力源は、国民のかけがえのない戦争体験に基づく」一国平和主義的考えだったということです。

このような日本人全般の憲法支持の力源を取り入れて、親米・経済大国・軽武装(平和主義)による経済ナショナリズム路線が、自民党によって確立されたというのは、概ね正鵠を射ていると私は感じています。このような支持は保守陣営にとどまらず、1946年6月の国会審議で社会党議員が、「積極的平和機構への参加」を目指すべきだと主張したそうです。積極的平和機構とはもちろん国連のことです。

積極的平和主義によるリスクを低減するために

以上のような私の主張を、国際開発ジャーナル誌の論説委員として掲載しました（2016年1月号）。結論として次のようにまとめました。新安保法制による「積極的平和主義」によって、紛争地で人道支援をするNGO職員や開発コンサルタントが紛争に巻き込まれるリスクは、間違いなく高まります。そのリスクを低下させ援助効果を高めるために、本来の意味の積極的平和に貢献する開発援助を推進する意図を、国際社会に明確に宣言し実践すべきです。そしてその一環において、アメリカとの協調関係を維持しつつ、国連中心外交を強化すべきでしょう。そのためには国連改革に、日本は主導的役割を果たすべきです。

国連は潘基文事務総長のもとで機能不全に陥ってしまいました。国連改革のためには、安保理事会の改革だけでは済まないですが、とりあえず次期安保理事会非常任理事国として、日本が新安保法制のもとで、安保理事会改革に主導的役割を果たせるかは、日本が国連中心外交を強化する試金石だと論じました。このような期待を持ったうえで、開発コンサルタントとして私は、新安保法制をも意識して「平和構築」に貢献するため、本来の意味の積極的平和にいかに近づくか、模索していかなくてはならないと考えています。

「反テロ戦争」に加担しないこと

日本が平和構築に貢献するうえで、中東との関係に配慮することが不可欠であることは、イスラム国をはじめとするテロの主体が中東を起源にすることから明らかでしょう。中東のイスラム教徒が、歴史的に欧米に不当な扱いを受けてきたことから、強い被害者意識を持っていることは容易に想像できます。パレスチナの地に欧米の支援でイスラエルが建国されたこと、欧米の石油利権によって抑圧支配が強化されたこと、アメリカが支援するイスラエルとの累次の中東戦争によって、中東の被抑圧構造が固定化されたこと、これらの近代史の事象が被害者意識につながっていることは容易に理解できます。

２０１１年の同時多発テロをきっかけとして、アメリカはアフガニスタンに軍事介入し、さらにイラクが大量殺りく兵器を所有しているといいがかりをつけて、侵略することによって、中東を大混乱に陥れました。この大混乱のなかから、いわゆるグローバル・ジハードという運動が、最も過激な形で解き放たれたわけです。

このような背景を踏まえて、外務省で長く要職を務められた英正道氏は、中東の現状に対する日本の対応につき以下のように述べられています。

「重要なことは『反テロ戦争』には参加しないことである。テロリズムを憎み、反対することは当然のことであるが、これまで述べたようなグローバル・ジハード運動が生まれた背景に照らすと、日本が『反テロ戦争』の当事国の一つと見なされることは危険である。世界に拡散したジハーディストは本部からの具体的な指示で動いているわけではない。ジハード主義者が異教徒として日本人、インド人や中国人をユダヤ・キリスト教徒と同じに扱うことは必ず修正される」(英正道『トランプ登場で激変する世界——自立した日本外交と安全保障戦略』アートデイズ、2017年)

イスラム世界の抑圧者ではない日本は、抑圧者である欧米に合わせて安易に「反テロ戦争」に参加する理由はないということです。これは理念ですが、もちろんそれだけでは済みません。積極的平和に貢献するためには、抑圧者の側に立つ必要があるということです。英氏は今後の日本外交のあるべき姿を論じているのですが、私は開発協力に活路を見出したいと思います。実際、開発協力は外交の一つの手段なのです。

ついでながら英氏は、1982年に外務省が日本の支援によって実施されたミャンマーの工業振興プロジェクト(工業化四プロと呼ばれていました)の事後評価ミッションを派遣したとき、審議官としてリーダーを務められました。外務省をはじめとして、当時の大蔵省、建設省、農林省、経済企画庁、国際協力事業団(JICA)、海外経済協力基金(OECF)が参加した大ミッションで、私は国際開発センター(ＩＤＣＪ)の代表として末席を汚しました。

新安保法制のもとでの積極的平和主義

新安保法制の根拠とされた治安情勢と積極的平和主義について、日本を巡る現状を再確認しておきたいと思います。まず現実問題として、北朝鮮からある日突然ミサイルが飛んで来かねない状況があります。これに対して日本が保有する迎撃力だけでは対処できず、ミサイル防衛力強化のためにアメリカとの協働が必要となります。そうするとアメリカのミサイル迎撃基地に対する攻撃の可能性が出てくるでしょう。これに対して日本は知らん振りをすることはできません。アメリカの基地を狙ったと判断されるミサイルを迎撃することは、集団的自衛権を持ち出すことなく対応可能でしょう。さらには相手方ミサイル発射基地の攻撃の必要性も生じる可能性が十分にあります。そうなると日本としても、専守防衛では済まなくなります。

しかしそれでも日本の国土防衛のみを考えるならば、個別的自衛権の範囲で対応可能でしょう。ということは新安保法制で、集団的自衛権の行使を制限付きとはいえ可能としているのは、別の理由があるということです。日本の国土防衛に直接かかわらない場合、つまり日本の国土からはるかに離れた地においても、集団的自衛権を行使する可能性があるということです。

要するに積極的平和主義は、アメリカを中心とする軍事による紛争抑止に貢献するものであり、「力による平和」に貢献することを意味するわけです。これは国際的には、「反テロ戦争」への参加ととらえられているといってよいでしょう。

日本は平和構築に貢献できるか

7-1節で論じた通りイスラム国を支えるのは、一つには理念であり、もう一つにはインターネットやSNSなどによる情報力です。理念に対しては軍事力の行使は意味をなさず、少なくとも短期的にはテロを増加させるというジレンマがあります。それが短期的現象にとどまってその後世界が安定すると考えたいところですが、そのように考えにくいのは、パレスチナ紛争を見れば明らかでしょう。報復の連鎖によって不安定さが修復できない状況になる恐れがあります。「反テロ戦争」に参加することは、平和構築の方法ではないことは、私には明らかに思えます。

積極的平和主義による「力による平和」への貢献ではなく、本来の意味における積極的平和への貢献が、平和構築への貢献であると私は考えます。私は開発コンサルタントですから、開発を通じていかに平和構築に貢献するか、より具体的にはテロの根源である貧困の削減にいかに貢献するかをいつも考えています。

貧困削減のためには、経済成長は必要条件ですが十分条件ではありません。3−1節に論じたように、貧困層に対しては、社会サービスを提供するという必要条件に加え、技能訓練や組織強化、さらにコミュニティ開発によって、資源活用の機会を広げることが必要です。それによって貧困層は経済成長が生み出す機会をとらえて活用することができるようになるのです。

開発に対するオーナーシップ

広い意味での開発資源を活用する機会を広げることこそ、貧困削減の方法といえます。したがって開発を通じて積極的平和に貢献するための基本条件は、開発に対するオーナーシップの確立であるといえます。これは地域住民が、地域内にあるさまざまな開発資源に対してオーナーシップを持ち、自分の判断で自分のために活用できることを意味します。その活用の方法を自ら計画し、その過程で開発資源のオーナーシップおよび活用する仕組みを確立していくことが肝要です。

開発に対するオーナーシップは、理念ではありません。開発の計画および実施を通じて確立すべき実体です。その過程を支援することが、開発援助の役割でしょう。開発援助によって、積極的平和への貢献のための具体策を、オーナーシップの確立とともに検討する必要があります。参加型による開発計画作りは、そのための重要な方法であると私は考えています。

これからの世界秩序形成による国際貢献のために、平和構築支援は極めて重要で、また日本にふさわしい支援分野であると思います。今後この分野を強化するうえで前提として、❶紛争地においてＪＩＣＡ支援をする判断基準、❷実施の前提条件および実施方法を検討していく必要があるでしょう。

他の技術協力以上に、平和構築支援においてはＪＩＣＡと開発コンサルタントによるパートナーシップが重要だと思います。実践しつつ議論を重ね知見を積み重ね、よりよい実施方法を模索して行く必要があります。なかでも開発に対する相手方の能力向上およびオーナーシップの確立が、本質的に重要だと私は考えます。

9—3　これからの日本のODAの課題

基本認識

日本のODAは、人造り支援およびインフラ整備を中心として、特にアジア諸国との関係構築・強化およびアジアの安定と平和に多大な貢献をしてきました。このことを多くの日本人が正しく認識する必要があります。そして今後も日本の国際貢献の重要な手段としてODAを活用することに対する、基本認識と国民の幅広い合意があるべきです。これは改憲論の重要な主題であると私は思っています。

人造り支援は、今後も日本のODAの最重要課題であり続けると思います。相手国側の人造りのためには、日本側の人材が必要であり、日本側での人材育成、動員体制の構築が前提となります。相手国側の人造りにかかわることによって、人脈ができるだけでなく、日本シンパが増えます。それが日本の国際貢献の効果を高めることにつながります。

日本型開発援助と開発コンサルタント

3—2節ですでに述べたように、欧米の開発コンサルティングは、「高みに立って教えを垂れる」趣が強いと、私は見ています。これに対して日本人の開発コンサルタントは、途上国の人びとと同じ地面に立ち、同じ目線で開発問題に取り組み、一緒に解決策を模索する傾向が強いといえます。このような日本型開発コンサルティングのよさを意識して、実践するべきです。さらにそのやり方と効果について情報発信することが、日本の国際社会での地位向上にも資すると私は考えます。

開発計画の策定と実施支援

開発基本計画、いわゆるマスタープラン作りは、満鉄調査部をルーツに持つ日本の得意技だと私は思っています。開発援助による開発計画の策定は、途上国の要員と協働で開発の方向性を模索し具体策を形成する過程です。それによって代替社会経済の新しい開発パラダイム追求の契機を与えることができます。また人の交流を密にすることに資する利点もあります。マスタープラン案件によって、代替社会経済の追求、およびそのための適正技術の確立を目指すべきです。

開発計画の策定にとどまらず、実施を促進する支援が不可欠です。マスタープランの実施を促進するため、ＩＱＣ（不特定包括契約）の活用を、私は20数年来提唱してきています。これによって民間投資も含めて幅広く実施支援をすることが可能になります。もう一つマスタープランを基に、プログラムローンにコミットすることを提案しています。たとえば地域開発マスタープランに基づいて、地域開発プログラムローンを導入するのがよいでしょう。

IQCと地域開発プログラムローン

最近はマスタープランを技術協力プロジェクト（技プロ）によってフォローすることが多くなっています。マスタープランの提案の一部をパイロット実施しつつ、相手国側の能力向上を図るのが基本形ですが、業務範囲が狭いと感じられます。フォローのニーズは個別案件のF／Sや民間投資推進、制度面のアドバイザリー等多岐にわたる事例が多いでしょう。これらの幅広いニーズに融通性を持って対応するために、主題および執行期限と支援額上限を定めてIQCを締結し、具体的業務は随時、相手国側機関と協議して議事録（MOU）締結によって確定し実施していくのがよいと思います。

地域開発マスタープランを策定すると、重要案件が明らかになりますが、通常マスタープランだけではプロジェクトの実施支援にコミットできず、F／Sや設計業務を支援している間に、中国等に出し抜かれてしまうことがよくあります。地域開発プログラムローンは、マスタープランに基づいて主題および総額のみを規定して円借款による支援にコミットするものです。たとえば「経済回廊形成に資するインフラ整備」という主題を規定し、その対象は港湾整備、幹線道路高規格化(アクセス道路改善を含む)や付随する技術協力等、マスタープランに引き続いて検討し確定することにします。

民間企業との連携

マスタープラン作りには時間と手間がかかるとの批判があります。マスタープランを作らなくても、円借対象案件はわかるといった、短絡的見解もあります。これに対してマスタープラン策定支援は相手方のオーナーシップを尊重し、理念やビジョンのある援助につながるという正論だけでは、説得力は不十分かもしれません(橋本強司『開発調査というしかけ――途上国と開発コンサルタント』創成社新書、2008年)。

マスタープランの付加価値をいかに高めるかを問うべきでしょう。一つの方法としてマスタープラン策定において、民間企業を巻き込んで民間投資のアイデアを取り込むのがよいでしょう。JICAによる管理のもとで開発コンサルタントの専門的精査を前提として、民間企業の機動性を活用するべきです。情報共有によって民間企業がすぐ実施へと走り、ODA支援が追い付いてくるという形が作れるとよいでしょう。インフラ整備も産業振興も時間がかかるという認識のもとで、究極的にマスタープラン有り・無しいずれがよいのかを判断することが必要となります。

ＪＩＣＡ研究所の活用

開発調査を1〜2年をかけて実施するなかで、開発にかかる研究課題が明らかになることがよくあります。そのような課題について開発調査の枠内で提案を求め、わずかの追加投入で研究成果を上げることが可能でしょう。この場合ＪＩＣＡ研究者と開発コンサルタントに加えて、研究課題に適した大学等の研究者を指名して、共同研究するのがよいでしょう。

研究の初期成果は開発調査のなかで出す必要があります。その後外部研究者と開発コンサルタントが共同研究を続けて、成果を発信することができるだけでなく、技術協力の基盤の拡充および開発コンサルタントの能力向上、社会的地位向上にも資することでしょう。

これからの開発協力において、研究開発の機能はますます重要となるでしょう。開発調査を利用してＪＩＣＡ研究所の活動を活発化し、情報発信機能の飛躍的向上、開発コンサルタントの能力向上、研究者との交流拡大を図るのがよいと考えます。なかでも、代替社会経済を支える適正技術開発に焦点を当てて、途上国との共同研究開発を推進するべきです。

代替社会経済を支える適正技術の開発、および「美の文明」に貢献する技術革新や技術協力のために、途上国との共同研究開発を推進するべきです。一つの方法は、途上国の伝統技術を日本が優位性を持つ先進技術によって補完することでしょう。途上国との共同研究開発協定において、日本は欧米諸国に後れを取っているなか、これからの日本のＯＤＡにおいて、途上国との共同研究開発は最も重要であると私は考えています。

共同研究開発体制

ＪＩＣＡと国立研究開発法人科学技術振興機構（ＪＳＴ）は、２００８年以来協働で地球規模課題対応国際科学技術協力プログラム（ＳＡＴＲＥＰＳ）を実施しています。サトレップスと呼ばれています。これは地球温暖化や感染症等の地球規模問題が、特に途上国において大きな脅威となっているとの認識のもとで、途上国のニーズに基づいて途上国との研究協力をする仕組みです。２０１７年７月現在で47カ国において１２５件のプロジェクトを実施しています。対象としては環境・エネルギー、生物資源、防災、感染症が掲げられています。

途上国のローカルなニーズに基づいて研究開発を実施すること、地球規模問題に対してイノベーションによる解決を図ること、これらは先述の代替社会経済を支える適正技術の開発と方向性は同じといえます。8―1節で述べた通り、途上国の課題解決に先端技術を適用する時代なのです。それが地球規模課題の解決に寄与して、先進国にとっても利益があり、さらにいうと人類を救うことにつながるということです。それならばSATREPSのような仕組みを、代替社会経済を支える適正技術の開発のためにも確立すべきことは当然でしょう。

途上国のローカルニーズを適切にとらえるうえでは、開発コンサルタントの役割が重要です。一方、イノベーションのシーズは研究者が提供すべきものです。したがって代替社会経済を支える適正技術の研究開発においては、開発コンサルタントと研究者が協力することが肝要です。

9―4　これからのODAと開発コンサルタントの役割

これからの開発コンサルティングを規定する条件

本章の最後に、開発協力において主要な役割を果たすべき開発コンサルタントにつき、その将来像を展望したいと思います。まず日本のODAにおいて技術協力が最も重要であり、これを支えるのが開発コンサルタントである、との基本認識を私は持っています。その役割を果たすために、開発コンサルタントには、技術協力によって新しい世界システム構築に貢献する気概が求められると思います。より具体的には、開発コンサルタントは❶開発の政治的側面、技術の役割についての認識を持ち、❷技術革新への貢献にも努力すべきです。これらの条件を満たすことは容易ではありませんが、心がけとして重要でしょう。

日本の得意技である人にやさしい技術革新・技術協力によって日本が国際社会に対して貢献するうえでは、開発コンサルタントはそれなりの力(情報力、思想等)を持つ必要があるでしょう。要するに、開発コンサルタントは強者でなくては社会的弱者の支援はできないということです。

開発コンサルタントの資質

開発コンサルタントは、究極的には❶国際的な仕組み作り、ルール作りにかかわることができることが求められると思います。TPP交渉による国際交易のルール作りは、その一例です。TPPに代表される多国間貿易交渉は、20世紀型開発の経済効率が指し示す「例外なき関税撤廃」を目指すのではなく、文化・社会の多様性を尊重する代替社会経済に通じる仕組みづくりの過程ととらえるべきです。

代替社会経済を支える仕組みも含めて、国際的な仕組みやルールを作るうえでは、さまざまに背景が異なる人たちとの交流や、複雑化し専門分化したグローバル社会のなかで専門性が異なる者同士の議論が必然的です。そのような交流や議論をするためには、常識を基盤とするしかありません。

したがって開発コンサルタントは❷幅広い常識があることが必要です。幅広い基礎知識のうえに培われた常識（cultivated common sense）です。また❸「知的体力」があることが必要です。理解し合うために、相手と議論する相当な努力をし続けるための体力です。これらが不可欠です。

難しいいい方をしてしまいましたが、基本は簡単です。より具体的に開発コンサルタントの要件は、❹自分のアタマで考えることができること、❺自分の考えを、相手に伝わるように表現できること、❻相手の考えを、理解しようとする柔軟な心があること、と私は規定します。

このような条件を満たす人は、結果として❼幅広い興味を持って、さまざまな文化・社会的背景の人たちと交流することができること、およびさらに❽思想があること、これらの条件も満たすでしょう。

開発コンサルティング業務の将来像

これからの開発コンサルタントの大きな役割として、私は次のように展望しています。第一に開発コンサルタントは、グローバル社会経済を踏まえ、相手国のマクロ社会経済を反映した戦略的事業の構想から、計画・設計・実施および運営・管理まで、総合的なコンサルティングを提供することが必要です。事業の最上流から最下流まで、一貫した開発コンサルティングを提供するということです。民間企業を糾合し実施体制を構築し資金手当てをして事業を推進するとともに、その前提となるインフラ整備や法制面については、ODAによる支援を仲介します。

第二に開発コンサルタントは、中小企業の途上国進出において、相手国側パートナーとの実施体制構築、相手国のニーズに合ったよりよい事業の形成、組織・制度にかかる実施条件整備、事業運営にかかる訓練等のコンサルティングを提供することが期待されます。民間企業が基本的に営利目的で途上国に進出しようとするのに対して、相手国側から見てよりよい事業となるよう図るのが、開発コンサルタントの役割です。

第三に開発コンサルタントは、開発事業を契機とする技術革新について、特に途上国との共同研究開発の調整・推進役を担うべきです。このためには日本と相手国双方の政府機関に働きかけること、双方の教育・研究機関との協働体制を構築することが必要です。

これからのODAの業務

以上概観した将来の開発コンサルティング業務は、ODAの業務と民間事業の双方にかかわります。まずODAの業務については、将来に向けての課題を私は以下のように考えています。

❶日本のODAの最重要課題として、人造り支援のため日本側での人材育成、より幅広い動員体制を構築する。

❷開発計画の策定、特にマスタープラン案件を通じて、新しい開発パラダイムを追求しその実現可能性を高める。特に代替社会経済の追求およびそのための適正技術の確立に貢献する。この間の人の交流によって、途上国との人間関係を拡大し、また深化させる。

❸開発計画策定、特にマスタープランを基に開発計画の実施支援をする。そのための仕組みとして地域開発プログラムローンやIQC（不特定包括契約）を導入する。

❹開発調査を利用してJICA研究所の活動を活発化し、情報発信機能の飛躍的向上、開発コンサルタントの能力向上、研究者との交流拡大を図る。

❺開発事業にかかる研究開発において、代替社会経済を支える適正技術開発に焦点を当

て、途上国との共同研究開発を推進する。

民間事業の役割

次に民間事業について、今後開発コンサルタントの役割として以下が重要になっていくと考えています。

❶途上国における戦略的国家プロジェクトを企画し、その総合計画策定から実施・運営管理まで総合技術力とマネジメント能力によって実現する。

❷そのなかでODAを有効に活用して民間投資を誘発する。

❸このために日本企業を中心とする幅広い実施体制を構築し、官民連携のもとでODA案件を形成・実施し基幹インフラ整備および制度構築によって、収益性および開発効果を高める。

❹事業実施に必要となる技術革新を企画し、途上国との共同研究開発を政府および日本企業との調整を通じて推進・管理する。

❺途上国に進出する日本の中小企業に対して、事業形成、実施体制構築、実施条件整備、人材育成等の協力をするとともに、開発投資にも参画する。

❻中小企業による民間事業の実施を通じて、代替社会経済を追求し適正技術の開発を推進する。

開発コンサルティング業界の将来像

最後に、私は日本の開発コンサルティング業界の将来像を、次のように展望します。第一に、途上国開発における民間資金の拡大、資金調達の仕組みの多面化、国際競争条件の変化に対応する必要があります。現状では後れを取っているこれらの対応につき、官民連携によって取り戻していかなくてはなりません。

第二に、省庁、関連業界と連携して、技術革新による産業構造の改革を促進することに貢献すべきです。開発コンサルティング業を頭脳集約産業と位置づけて成長させ、他産業の海外展開へと波及させていく必要があります。このなかで日本型開発コンサルティングが主導する途上国に真に裨益する開発を実現していくことが可能となるでしょう。

第三に、途上国における戦略的事業の構想から、計画・設計・実施および運営・管理まで、総合的なコンサルティングを提供する体制を構築していく必要があります。このために多種多様な開発ニーズに包括的に対応するプランニングとエンジニアリングを合わせた総合的技術力を有し、民間開発事業も含めて大規模事業を成功に導くマネジメント能力を有する総合開発コンサルタントグループを複数形成する必要があると考えています。

第10章 日本の進む道

10-1 国際社会、世界経済の変化

大きな方向性の模索

本講義も終わりに近づきました。「経済発展と技術革新」についての講義を踏まえて、今後日本がどこに向かうべきか提示するために、7-1節および7-2節では最近の世界情勢から垣間見える方向性を、新しい世界秩序として展望しようとしました。しかしまだ展望が見えないというのが現状でしょう。

展望がないとき個人としてできるのは、とりあえず「今日の次に明日がある」かのように、日々自分の人生を送っていくことかもしれません。新しい展望を開くような方向性が示されない限り、これは仕方がないことなのかもしれません。しかしいまのままではいけない、現状の延長線上には明るい未来は築けそうもない、というのは多くの人びとが感じているのではない

でしょうか。

　このような状況にあって、少なくとも新しい展望を開くような方向性を模索することはできます。それがいかなる方向性であれ、その方向性に沿ってできることを始めることは可能でしょう。そういう気にさせる大きな方向性を、開発コンサルタントの立場から提示したい、との思いを私は持っています。7-3節では、世界の不確実性が増大するなか、新しい世界秩序を見通すきっかけを与えるテロおよび移民・難民問題に触れ、「理念と情報力」がカギであると論じ、開発協力を見直す必要性を示唆しました。

　8-1節では特に中国との対比において、日本が開発協力に向ける資金と人材の動員における物量においては中国に対抗できず、日本が勝負できるのは質であり技術であると規定しました。そして8-2節で日本の優位性は、日本人の感性と自然観・宇宙観によるとし、技術による「美の文明」への貢献こそ日本にふさわしいと論じました。さらに8-3節では、「美の文明」を支える感性を磨くために個人として、また社会としてすべきことを示唆しました。その関連で開発協力における参加型コミュニティ開発の意味を明らかにしました。

　第9章では、私が専門とする開発協力について、ODAの理念から平和構築への貢献およびこれからのODAの課題について具体的に論じました。さらに開発コンサルタントの役割や開発コンサルティング業界の将来像についても、私の考えを包括的に示しました。

以上を踏まえて今後の世界秩序の大きな方向性について、私なりに到達した考えを最後に示したいと思います。その前提となる変化の本質について、まず論じたいと思います。

変化の本質

7-1節で新しい世界秩序を作る努力を続けることが必要と論じましたが、これは現在の世界秩序を支える理念・イデオロギーが崩壊していることを意味するわけではありません。経済のグローバル化および民主化、自由化・開放化という方向性は揺るがないでしょう。これまでの世界秩序は軍事的抑止力および国益・国際的利権構造によって支えられてきたわけですが、これらは民主主義等の西洋社会において追求されてきた価値を守るとの虚構によって論じられてきたのです。イデオロギーの崩壊ではなく、このような虚構の暴露が、いま世界で起こっていることだと思います。

途上国における不公平体制が、開発協力の効果発現を妨げ貧困削減が実現しにくいという見方は依然あります。「アラブの春」といわれる民主化によって、政治的な不公平体制が改善すると期待されましたが、現実はそうなっていません。たとえ政治体制が見かけ上改善されても、グローバル経済の仕組みに不公平体制が内蔵されているのではないでしょうか。

資本主義の行き詰まりが論じられていますが、行き詰まっているのは金融資本主義です。隠された国益や国際的利権構造を内包する金融資本主義こそ、新しい世界秩序のために改革すべき対象です。

ICTと市民社会の地位向上

変化の本質にかかるもう一つの現象はICT技術の発展でしょう。ICT技術活用の拡大に支えられてグローバル化が進展し、国際関係の基本単位としての国家の地位が低下しています。一方ICTは、国家を超えた市民社会の地位を向上させている面もあります。このような変化は知識層を消滅させ大衆民主主義や衆愚政治を助長する懸念があるのですが、集合的英知(collective wisdom)や共同知能(collective intelligence)を生み出す可能性もあります。ビッグデータの活用は、そのための一つの方法かもしれません。

先進国・途上国を問わず開発の地方化は間違いのない方向であり、開発行政における地方分権が推進されています。ICTに支えられた市民社会の地位向上は、この趨勢を加速させるはずです。またかつて私が示唆したように、ICTによって市民社会が国境を越えてつながりグローバル・パワーとなる傾向もあります。

「インターネットによるバーチャル・コミュニティは、規範や価値観を国境や人種を越えて広く共有することに貢献する可能性がある。また課題によっては、通常のいかなるコミュニティより、効果的に対応しうる。かつてイラクの日本人人質事件で、NGOネットワークが果たした役割や、WTOに対する世界的な反対運動は、バーチャル・コミュニティがグローバルな影響を持った例である」（橋本強司『開発援助と正義』幻冬舎ルネッサンス、2013年）

技術革新と構造変化

世界秩序の変化のなかで将来に対する不安が拡大しています。それに呼応するようにさまざまな世界社会経済の中長期予測がされています。世界社会経済の中長期予測は、既存の社会構造や産業構造を前提として、資源の獲得や市場の確保をゼロサムゲームと見る限り、あまり意味がないと私は考えています。

世界的な都市化の急速な進展は、人類の社会構造変換を必然的に要求することになります。しかしそもそも急速な都市化は必然なのでしょうか。資源を有効利用し新しい市場を創出する技術革新によって、産業構造は大きく変換するでしょう。技術革新によって、先進国・新興国・

途上国の新しい関係が規定されるようになるでしょう。これらの構造変化および技術革新の方向性を見通すことこそ重要でしょう。

開発資金の流れとODAの変化

金融資本主義による資金の流れが拡大しているだけでなく、資金の質が変化してきています。その一面は途上国開発に対する民間資金の役割が拡大し、資金調達の仕組みが多面化してきていることです。その結果として開発における国や企業の競争条件も変化しています。現在世界的には、途上国への開発投資の90％は民間によるといわれています。日本の途上国に対する資金の流れは、2015年においてまだ23％が公的資金ですが、趨勢は明らかです（財務省「2015年における日本の開発途上国に対する資金の流れ」2017年3月17日）。

新興経済国を含めてODAの供与国が拡大し、また民間資金の比重が大きくなるのに伴って、ODAの「理念」が多様化してきています。国益の追求、紛争予防、軍事的アライアンスの補完等のマクロ課題への現実的対応から、人道、平和構築、貧困削減等の理想主義的対応まで、供与国によって幅広い理念が追求されるようになっているといえます。中国の一帯一路のように、マクロ課題に対応する大構想に対して、理想主義的理念だけでは太刀打ちできないでしょう。

いずれにせよこれらの多様な理念を包括する国際基準について、すべての供与国が合意することは想定できません。現実的に供与国が合意すると期待できるのは、環境や労働条件等にかかる最低限の条件の規定にとどまるでしょう。

SDGsと新国富

２０１５年に閣議決定された新しい開発協力大綱のもとで、外務省は平成29年度の開発協力重点方針の一つとして、従来の人間の安全保障の推進に加えて、持続可能な開発目標（ＳＤＧｓ）達成に向けたグローバルな課題への対処を掲げています。開発協力の効果は、従来経済面を中心として定義され計測されてきました。これに対して貧困削減等の社会配慮や地球温暖化防止を含む環境配慮等の幅広い関心は、計測が困難なために十分に評価されてこなかったきらいがあります。

このためＳＤＧｓ達成を推進する一環として、持続可能性を計測する新しい指標として、「新国富」を策定する動きが進んでいます。新国富とは inclusive wealth の訳です。"inclusive" という用語は、inclusive growth（包摂的成長）という使い方で開発関係者の間ではなじみとなっています。包摂的成長は、経済成長によって取り残される社会層が存在しないことを意味しています。わかりやすくいえば、「落ちこぼれ」のない成長ということです。そこには社会的配慮が反映されているといえます。

一方新国富は、インフラ施設等の「人工資本」、教育や保健等の「人的資本」、天然資源や生態系等の「自然資本」を合わせたものと説明されています。これら資本の潜在価格（シャドウプライス）とストック量を掛け合わせて、足し上げたものです。経済学でいう潜在価格が適用されていることに代表されるように、この指標はやはり経済指標です。

ＧＤＰの場合、環境問題を伴う工場による生産も、環境問題を解決する活動も、区別なくＧＤＰに含めて計算されます。新国富では、環境費用は潜在価格によってより適切に計算に含まれるのだと思います。新国富が新しい世界の豊かさを計測する指標になるかどうか、今後の検討課題でしょう。一方ＧＤＰにせよ新国富にせよ一元的指標によるのではなく、環境面や社会面について別次元でとらえることも引き続き重要であり続けるでしょう。

10-2　日本の進む道

積極的平和への貢献

すでに繰り返し述べた通り、紛争・内戦等がないだけでなく、それらの原因となる貧困・格差・利権等がない状態が、積極的平和です。そして積極的平和への貢献を、日本のＯＤＡの理念として確立すべきというのが、私が一貫して主張してきたことです。この理念を国際的に公にしたとして、他の先進国は異議を唱えることができず、途上国は歓迎するでしょう。積極的平和への貢献の具体策を、広く議論すべきです。

現状では、積極的平和主義を積極的平和への貢献といいくるめているといってよいでしょう。積極的平和主義とは「力による平和」への貢献です。対外的には、これは反テロ戦争への参加を意味します。一方、本当の積極的平和に貢献しようとしている開発コンサルタントやＮＧＯ等は、国際社会がとらえる積極的平和主義によってテロの脅威にさらされるリスクが高まることになります。為政者が積極的平和主義を積極的平和への貢献といいくるめることは、積極的平和に貢献しようとしているものに対して不誠実であるといわざるをえません。

反テロ戦争に参加しないで、日本は世界の平和に貢献することができるでしょうか。「平和にただ乗りしている」といわれず、応分の国際貢献をする方法はあるでしょうか。もちろんあります。反テロ戦争に参加しなくても、内戦によって発生する難民を支援することができます。二人の日本人がイスラム国に拉致されていたとき、安倍首相は難民支援のために内戦周辺国へのODA拡大を表明するだけでよかったのですが、反テロ戦争に参加するとの印象を与えてしまいました。

かつて湾岸戦争のあと、日本はホルムズ海峡の地雷除去のために自衛隊を派遣しました。湾岸戦争に対してはしぶしぶ資金協力をした印象で国際社会の不興を買いましたが、この地雷除去は高く評価されました。ソマリア沖の海賊対策でも、自衛隊は活躍をしました。復興支援や平和維持活動を含めて、反テロ戦争に参加しなくても、日本が国際貢献をする方法はたくさんあります。反テロ戦争に参加する欧米諸国と同じ「普通の国」になるより、日本として独自の国際貢献をすべきです。

移民受け入れと開発協力

移民の受け入れや難民支援において日本の貢献は限られており、それが国際社会において日本の負い目になっている印象があります。まず明らかにしておくべきは、植民地の宗主国であった他の先進諸国と比べて、日本は大規模な移民や難民の発生には加担していないことです。また7–3節で示唆したように、旧植民地からの移民を寛容に受け入れるより、それらの人たちが祖国で平和に暮らせるように支援をした方がよいと私は考えます。

日本は開発協力をさらに充実させ、その実施方法を工夫していくべきです。なかでも平和構築支援は、日本の開発協力にとって大きなチャレンジです。平和構築支援の基本原則は"Do no harm"、つまり外部からの介入によって関係者間の関係を悪化させないことです。そのためには、相手国側固有の社会や文化・宗教に対する理解が不可欠です。もちろん幅広い関係者による参加型開発は必須です。特に参加型コミュニティ開発は、ＪＩＣＡブランドといってよいほど日本に優位性があります。移民を受け入れるよりも、移民が発生しないように開発協力をしているといえるようにしたいものです。

難民支援

シリアの内戦によって数百万人の難民が発生しており、受け入れ国側の社会問題にもなり、テロとの関係も指摘され国際的な対応が求められています。日本はシリア周辺諸国を対象として、難民支援のための活動をしてきていますが、難民の受け入れそのものについては、大きな役割を果たしていません。２００６年５月の伊勢志摩サミットに先立って、ようやく２０１７年から５年間で最大１５０名のシリア難民を受け入れることを、政府は発表しました。

世界中に広がるシリア難民の大多数は、いずれシリアに帰国することになるはずです。帰還難民は他のディアスポラと同様、難民として居住した先進国での経験を活かして、優れた行政官や民間の企業家として、母国の再建・発展に貢献するでしょう。しかしながら内戦および難民経験を通じて培った複雑な心理状態は、建設的なエネルギーの発現を妨げる可能性もあります。日本によるシリア難民の受け入れ数は限られていたとしても、日本に居住したシリア難民がよりよい経験を積んで、シリアの再建・発展によりよく貢献できるよう努めるのが日本人の役割です。

日本に受け入れなくても、日本がシリア難民を支援することはできます。母国を脱出する前はシリアで生活していた人たちですから、生計の手段を持っておりそれを活かして外からの物質的支援に依存しない生活を確立したいと思っています。株式会社ボーダレス・ジャパン（ＢＪ）は、トルコにいるシリア難民の起業を支援するソーシャル・ビジネスを開始しています。

約３００万人といわれるトルコにおけるシリア難民のうち３分の２が南東アナトリア地域およびその周辺に居住していますが、このうち難民キャンプにいるのは約10％といわれています。

他はトルコ政府による「一時的保護」下にあり、国連難民高等弁務官事務所（UNHCR）の支援対象外となっています。難民キャンプ外のシリア人に対する支援も実施されていますが、食料・医療・シェルター等の緊急支援にとどまっており、今後必要なのは生計支援です。

トルコのシリア難民の起業支援をすることによって、日本に受け入れるより桁違いに多い難民を支援することができるはずです。シリア難民による起業は、トルコの発展にとっても活かすことが可能ですが、配慮も必要です。シリア人による事業が地元トルコ人による既存の事業の排除（crowding out）につながらない配慮が必要です。南東アナトリア地域に多く居住するクルド族を含む地元住民との融和を図る必要もあります。トルコ政府の政策に抵触することなく、シリアとのパートナーシップによる関係強化をすることは、中東和平にもよい影響を与えると期待されます。このような考えで、レックス社はBJ社に協力しようとしていますが、JICAによるODAとの連携ができればさらによいと考えています。

「美の文明」に貢献する技術革新・技術協力

すでに繰り返し論じたように、「美の文明」に貢献する技術革新・技術協力に、日本が開発協力を通じて世界の平和に貢献する重要な役割があります。美の文明に貢献する技術は人にやさしく環境にやさしい技術です。そのような技術において日本は、すでに世界をリードしてきています。それを支えるのは、自然を畏怖し自然の恵みに感謝し自然と共存する日本人の自然観であり、自然の摂理に反することを「もったいない」と表現する宇宙観です。

人に過分な気遣いを受けた際「もったいない」というのは、自然界において自分はそのような扱いを受ける位置にはないと感じるからでしょう。自然に対する謙虚さの表れといってよいでしょう。自然の摂理あるいは神の摂理を感性でとらえているのが、日本人の宇宙観ではないでしょうか。自分が小さいと認識することが、健全な宇宙観ではないでしょうか。E・シューマッハーが半世紀以上前に論じた通り、人間は小さいものであり、だからこそ小さいことはすばらしいのです。

自然に対して謙虚であること、人は宇宙のなかでは小さく何も知らないに等しいと認識する宇宙観、これらを支える感性、それでいて宇宙の真理を知ろうとするあくなき好奇心、これらが小さい人間をすばらしいものにするのだと思います。

自衛隊派遣と開発協力

２００３年のイラク戦争のあと、紛争に巻き込まれる危険性が比較的低いイラクのサマワ県で自衛隊が民生支援を実施しましたが、ＪＩＣＡ支援は入っていませんでした。アフガニスタンでは、いつどこでテロに巻き込まれるかもしれない危険性の高い状況で、ＪＩＣＡ支援が継続されましたが、自衛隊は入っていません。

実は２００８年に自衛隊のアフガニスタン派遣が検討され、６月に政府調査団が現地に入りました。そのとき私は、当時の緒方理事長に直訴をしています。人的貢献を拡大するために派遣される自衛隊が、地道な人的貢献を続けてきた援助関係者に対する危険性を高めることになる、と訴えました。新安保法制のもとで積極的平和主義によって、紛争地で人道支援を実施している援助関係者に対する危険性が増す、という現状と構図が同じです。

当時日本人のほとんどは、アフガニスタンに常時数十名の援助関係者が滞在し、日々人的貢献をしていることを知りませんでした。自衛隊の派遣とＪＩＣＡ支援とをいかに組み合わせて、日本の国際貢献を高めるか、国民的議論が盛り上がることが望ましい、その過程で開発コンサルタント等による人的貢献が社会的に広く認知されるきっかけにしたい、と訴えました。この私の考えは、７名の日本人援助関係者が犠牲になった２０１６年７月のダッカテロ事件によって、さらに強まっています。

検討すべき課題が二つあります。第一、紛争地において復興・開発支援をするという意思決定は、誰がいかなる基準でするのかということです。もちろん公式の答えは、外務省が「高度に外交的な」基準で意思決定をするということでしょうが、援助実施機関としてＪＩＣＡはどう考えどうかかわるべきでしょうか。第二、前向きの決定がされたとして、紛争地において平和構築支援をする場合、その実施条件についてＪＩＣＡはどう考えるべきでしょうか。

第一の課題に対しては、議論を通じて国民的合意が形成される必要があるでしょう。第二の課題に対しては、開発援助の管理をするＪＩＣＡと現場で実施に携わる開発コンサルタント等との間で、議論を重ねなくてはいけないと思います。平和構築支援を実践しつつ議論を続けるということです。

ＪＩＣＡの北岡理事長と開発コンサルタントの懇話会が２０１６年３月に開かれたとき、これらの課題につき私は理事長の考えをただしました。紛争地での平和構築支援について援助実施機関としての考え、および平和構築支援の実施条件についての考えです。時間が限られたこともあって、理事長からの答えは残念ながら得られませんでした。

テロへの対応

９－２節で日本は反テロ戦争に加担すべきではないと述べましたが、正確にいうとグローバル・ジハードを理念とするテロに対する戦争には加担すべきでないということです。こういうと「テロはテロである」「われわれはあらゆるテロに反対する」という話が出てきます。もちろん誰でもテロには反対でしょうが、それをいっても現実的な答えには近づきません。「暴力は暴力だ」「暴力はいけない」というのと同じで、私も「その通り」というしかありませんが、現実的には意味がありません。

私の学生時代に『時計じかけのオレンジ』という映画がありました。同名のSF小説を映画化したもので、スタンリー・キューブリック監督でマルコム・マクダウェルが主演し、かなりヒットしたと記憶しています。近未来を舞台として社会に疎外された若者が徒党を組んで暴力を重ねます。細部は覚えていませんが、最終的には政府が政治目的に利用するために若者を事実上洗脳することになるという「戦慄の管理社会」を描いています。この作品に対して「総合的な暴力への、工夫に富んだ入門書」というニューヨーク・タイムズの書評があったと記憶しています。物理的な力を用いなくても、さまざまな暴力があることを、忘れてはなりません。

紛争地における開発協力

1990年にペルーでJICAの技術協力のために派遣された専門家が、センデロ・ルミノッソによるテロのターゲットとなって皆殺しされる事件が起こったとき、これをきっかけとして私は次のように論じました。

「センデロ・ルミノッソのテロ行為は、ほとんど標的を選ばぬ無差別テロだという。日本料理屋も相次いで狙われたそうだ。営業を再開したときは、店にやぐらを設置し、ガードマンにサブマシンガンを持たせて警戒させたという。まさに自衛である。

さて、このような状況で、日本政府は技術協力の専門家を送り込んだわけだ。送ったことが間違いでした、というのはたやすい。間違いは繰り返さないにこしたことはない。しかし、そのような状況でも、相手国の経済を助け国民と政府を支援するために専門家を送るべきだ、ということがあるのではないだろうか。この場合、技術協力の専門家とともに特殊部隊をセットで送り、実験農場なり技術協力センターなりを自衛しつつ協力の実を上げるのが、私には唯一の正解と思える」(『日本を変える日本人が変わる　開発協力による国際貢献のために』山手書房新社、1995年)

これを現実的ではないというのは簡単ですが、実現する方法を考えるべきです。自衛隊に守られた技術協力が成り立つための前提条件は、その技術協力が相手国のためになることでしょう。一義的には、それが反政府テロに対する抑止力となるはずです。もちろんそれで済むほど反政府活動やテロの世界は甘くありません。技術協力と合わせて自衛隊を配備するのがよいでしょう。そのなかに特殊部隊が入っていること、あるいはそう思わせることが、テロに対するさらなる抑止力になるでしょう。

自衛隊が配備されている国で災害が起こった場合、自衛隊が救護活動に参加できるように制度整備をしておくべきです。南スーダンで生じたように、国連平和維持活動に従事する自衛隊が、国連南スーダン派遣団（ＵＮＭＩＳＳ）の傘下にあるために、現地の状況悪化のため脱出する邦人の輸送のために動けなかったといった事態はあってはならないでしょう。自衛隊による速やかな救護活動は、相手国側の信頼を大いに高めるはずです。継続される技術協力とともに、日本に対する信頼感はさらに高まるでしょう。

特殊部隊について

技術協力の専門家と自衛隊の特殊部隊を合わせて派遣し、開発協力の実を上げることを提案したとき、特殊部隊はまだ存在していませんでした。当時私は特殊部隊を創設して、その訓練はアメリカと協力して実施するのがよいと考えていました。１９９９年の能登半島不審船事件をきっかけとして２００１年に特殊部隊が創設されました。創設を推進し初代隊長となった伊藤祐靖氏は、「アメリカ特殊部隊員の技量は驚くほど低い」といわれます。アメリカの正規軍は、兵員の業務を分割し、個人の負担を小さくして、それをシステマティックに動かすことで、強大な力を作り出す仕組みで運用されているとのことです。一方、隊員の個人的能力に託すところが大きい特殊部隊については、アメリカ軍は得意ではないようです。

これに対して、「日本という国は、何に関してもトップのレベルに特出したものはないが、ボトムのレベルが非常に高い。モラルのない人がほとんどいない」と伊藤氏はいわれます。下士官の水準が高いということです。この特質は職人気質と通じるものがあるのではないか、と私は感じています。自分を小さいものと認識して、個人としてできる範囲で「極める」というのは、日本人の自然観・宇宙観に基づく技術観によっているのではないかと私は考えます。このような特質を活かして、独自の組織形態や運用を検討して特殊部隊を強化することは、専門家の検討に委ねたいと思います。

災害救援や難民支援に派遣される自衛隊員の規律、誠意、効率、勤勉は間違いなく相手国、さらには国際社会にアピールし感銘を与える、とかつて私は書きましたが、その後の現実はその通りになっています。特殊部隊も、他国の同種部隊にすら一目置かれる存在になりえると私は思います。本当の職人のような隊員を選び抜き訓練することは、現実的に可能でしょう。

しかし伊藤氏の懸念は別のところにあります。一つには特殊部隊訓練中に、自然に対する畏敬の念がないことが、部隊訓練の「薄さ」を感じさせると指摘されたとのことです。特殊部隊の場合、組織や装備等があっても、最後は人間一人の力と判断によることになるでしょうが、人間は自然には絶対勝てないとの認識が重要だということです。もう一つには特殊部隊隊員が、自分の命をささげるに値する崇高な理想を目指す国家であると思えることです。選ばれたものが国を守るとはいえ、国家理念は幅広く国民が支えるべきものでしょう。

新しい世界秩序を支える理念の条件

グローバル・ジハードの理念は、イスラム国がインターネットやSNS等のメディアによって広めています。イスラム教の教義はイスラム法学者(ウラマー)によって解釈されますが、イスラム国は独自の解釈によって専制的支配を正当化しています。このような状況に対して、イスラム教にも宗教改革が必要との議論が出ていますが、私はちょっと違うと感じています。

ウラマーはキリスト教の司祭やユダヤ教のラビのように聖識者ではなく、教会組織を持っていません。またそもそも神と信者が聖識者を介することなく直接対峙することができるのがイスラム教であり、ウラマーも含めてイスラム教信者は同列です。聖識者の堕落をきっかけとする教会体制の革新という意味での宗教改革はあり得ません。

しかし幸いなことに、やはりインターネットやSNS等によって、イスラム教義の解釈についての議論が広がっているようです。それによってグローバル・ジハードの理念も修正されると期待されます。これはイスラム教徒に任せておけばよいでしょう。われわれとしてやるべきことは、新しい世界秩序を支える理念の確立です。

新しい世界秩序を支える理念の条件とは何でしょうか。人は社会的生き物であり社会を作ることによって生き延びてきました。あらゆる社会には、成員を結びつける規範があり理念があります。それがそれぞれの社会の正義を定義し、成員のアイデンティティとなります。そして規範や理念、それが定義するそれぞれの正義、これらを主張し合うことが暴力を生むことは、セン教授が論じる通りです。したがって新しい世界秩序を支える理念は、正義の対立による暴力を助長しないものでなければならないでしょう。

環境への感性が基本

8-2節で日本の持つ優位性の源泉として、日本人の感性と自然観・宇宙観について論じました。そして新しい世界秩序を支える原理や理念が普遍的価値を持って広く受け入れられるためには、「経済効率」と同じくらいわかりやすいものでなければならないと述べました。それは「環境」に対する実感の伴ったもの以外にはありえません。「環境」が人をはぐくむという感性が重要です。

ノーベル平和賞を受賞したマータイさんが環境を守る世界共通語として提唱する「もったいない」とは、「自然の摂理に反する」という意味でしょう。伊藤祐靖氏がいうように、「分をわきまえる」ことをよしとし、貪欲にむさぼることを「はしたない」とするのは、自然を畏怖し、自然の恵みに感謝し、自然と共存してきた日本人にとって自然でしょう。さらに日本人の自然観は、自然の一部である人に対する認識に反映されています。それは聖徳太子の十七の憲法にある「和をもって貴しとする」、明治天皇の五か条のご誓文にある「広く会議を興し、万機公論に決すべし」に代表される「和と公」の意識です。

理念を確立する開発協力

このような理念を確立し具体化する方法の一つとして開発協力がある、と私は考えます。それは人にやさしい環境にやさしい技術協力・技術革新によって「美の文明」に貢献することです。これほど日本人にとって自然で、日本にとってふさわしいことはないでしょう。より具体的には、資源集約型で経済効率志向の20世紀型開発に代わって、代替社会経済モデルを、実践を通じて確立することです。その現実的な方法の一つが、一次産品を基盤とする垂直型産業クラスターの振興であり、代替社会経済を支える適正技術の体系を確立するための途上国との共同研究開発です。

私は経済グローバル化を否定するものではありません。それはグローバル規模での経済効率の追求ですから、限られた資源の有効利用のための必要条件です。要は、経済効率の追求だけではいけないということです。グローバル・バリューチェーンは経済効率のための国際分業ですから、これも否定できません。しかしそれだけではダメで、地域開発のための産業クラスター振興を同時に図らなければなりません。

経済グローバル化は、「力の文明」の経済的表現です。それをよしとして大勢に合わせるのは、日本の進む道ではないでしょう。代替社会経済によって「美の文明」に貢献することにこそ、日本の役割があると思います。TPPに代表される多国間貿易交渉は、20世紀型開発の経済効率が指し示す「例外なき関税撤廃」を目指すのではなく、文化・社会の多様性を尊重する代替社会経済に通じる仕組みづくりの過程ととらえるべきです。

経済グローバル化は必然であり、グローバル市場で経済効率を追求する「戦い」に、日本は勝たなくてはなりません。しかし、そこだけで戦うのは日本の進む道ではない、と私は考えます。代替社会経済を確立する戦いに勝つことこそ、国際協力の王道であり、途上国とともにこの王道を行くのが日本の進む道である、と私は信じています。

あとがき

人生における人との縁ということに、改めて思いを巡らせています。本書との関連において、それはまずアメリカのコーネル大学におけるD・Pラウクス教授との出会いです。第1章に書いたとおり全米で名だたる厳しい先生によって、私は知的体力を強化することができたと思っています。そのうえオーストリアのウィーン近郊にあるIIASAという国際的研究機関に就職することができ、そこで川嶋辰彦先生に出会うこととなったわけです。

IIASAにおいて多くの世界的に超一流の研究者と交流するとともに、日本から来た先生方を知ることとは、私をむしろ日本の学界から遠ざけたと思います。これもいま思えば幸いでした。アメリカでの5年半およびIIASAでの2年余りの後、帰国して財団法人(当時)国際開発センター(IDCJ)に就職するきっかけもつかむことができました。IDCJはいわば開発問題にかかわるシンクタンクということができ、海外ボケした私が開発に対して意識を高め、日本をベースとして開発コンサルタントとなるうえで、絶好の第一歩となったのです。

帰国してIDCJに2年半、日本工営に12年間勤務して、多くの知己を得ました。そして1995年に株式会社レックス・インターナショナルを設立して5年たって、川嶋先生より学習院大学経済学部での講義について依頼を受けました。それまでの開発コンサルタントとしての経験・実績があって初めて、川嶋先生の依頼にこたえることができたのだと思います。

学習院大学の講義を開始してからは、開発コンサルタントとして経験したことを随時投入しながら、講義内容を充実させていったということができます。それ以上に、講義のために勉強したことが開発コンサルティング業務に活かされた面が多々あります。技術協力や技術革新についての考えをはじめとして、さまざまな開発問題に対する考察が、講義の準備や学生への説明を通じて深まり、私の思想形成に役立ったことは間違いありません。

学習院大学で講義をさせていただいた16年間は、開発コンサルタントとしての私の絶頂期だったといってよいと思います。そして私のキャリアも先が見えてきたころ、このオムニバス形式の講座が終了し、私もお役御免となりました。

学習院大学での講義の最終段階と重なる形で、国際開発ジャーナル社の荒木光弥会長より、論説委員を仰せつかりました。本書の第2部「日本の進む道」は、2016年から大きく変化する世界秩序のなかで日本が果たすべき役割を模索し、私なりの考えを示すために国際開発ジャーナル誌を活用させていただいた成果といえます。荒木会長とのご縁あってこそです。ご厚情にこの場を借りてお礼を申し上げます。

本書の校正をしながら、第1部と第2部の内容にかなりの繰り返しがあることに、改めて気づき少し気になりましたが、繰り返しているのは重要だから、ということでご了解願います。また第2部では、私のこれまでの著書からの引用や、国際開発ジャーナル誌等で論じた内容が多くなっています。これは「はじめに」で述べたとおり、本書に私の人生の集大成というべき思想を込めようとして、私の思想の形成過程で出版した内容を織り込んだためです。

本書の出版を受け入れて下さった荒木会長、編集のお世話をいただいた中村裕美様、論説委員としての仕事でご協力いただいた方々に、心よりお礼を申し上げます。

本書の成り立ちを説明する行きがかり上とはいえ、少し後ろを振り返り過ぎたかもしれません。本書の出版は、私の人生の一つの区切りですが、さてこれから前向きにどうしようか、ゆっくり考えながら進みたいと思っています。

2018年1月10日

橋本　強司

参考文献等

池内恵『中東と動揺する世界　アラブの春とイスラム国の行方』、「国際開発ジャーナル」２０１７年7月号
伊藤祐靖『国のために死ねるか　自衛隊「特殊部隊」創設者の思想と行動』文春新書、２０１６年
伊藤元重『やさしい経済学――21世紀と資本主義　技術革新と市場経済』日本経済新聞、２００５年5月8回シリーズ
加藤典洋『戦後入門』ちくま新書、２０１５年
川勝平太『海洋連邦論――地球をガーデンアイランズに』ＰＨＰ研究所、２００１年
川勝平太『「美の文明」を作る――「力の文明」を超えて』ちくま新書、２００２年
木村亮『国際開発に新たな風を』「国際開発ジャーナル」２０１６年2月号
木村亮『35年かけイノベーションの拠点に』「国際開発ジャーナル」２０１６年9月号
アーサー・Ｃ・クラーク『２００１年宇宙の旅』伊藤典夫訳、ハヤカワ文庫、１９９３年
アーサー・Ｃ・クラーク『幼年期の終わり』世界ＳＦ全集15、福島正実訳、早川書房、１９６９年
香西泰『やさしい経済学――巨匠に学ぶ　シュンペーター』日本経済新聞、２００２年10月7回シリーズ
定方正毅『中国で環境問題にとりくむ』岩波新書、２０００年

エルンスト・F・シューマッハー『スモールイズビューティフル　人間中心の経済学』講談社学術文庫、1986年
エルンスト・F・シューマッハー『スモールイズビューティフル再考』講談社学術文庫、2000年
鈴木雅剛『社会課題の解決に挑む企業　ソーシャルビジネスは協働型の国際協力モデル』「国際開発ジャーナル」2017年8月号
角南篤『保健医療分野の科学技術外交を』「国際開発ジャーナル」2016年4月号
角南篤『日本の科学技術外交の次なる展開』「国際開発ジャーナル」2016年8月号
アマルティア・セン『アイデンティティと暴力』勁草書房、2011年
アマルティア・セン『正義のアイデア』明石書店、2011年
武内宏樹『今後の米中関係と日本の役割　トランプ政権下の国際関係』「国際開発ジャーナル」2017年6月号
根井雅弘『企業家精神とは何か　シュンペーターを超えて』平凡社新書、2016年
野中郁次郎『やさしい経済学――日本の製造業の課題』③、日本経済新聞、2001年1月23日
橋本強司『日本を変える日本人が変わる　開発協力による国際貢献のために』山手書房新社、1995年
橋本強司『匿名性とブラックボックスの時代』文芸社、2006年

橋本強司『開発調査というしかけ――途上国と開発コンサルタント』創成社新書、２００８年
橋本強司『開発援助と正義』幻冬舎ルネッサンス、２０１３年
橋本強司『日本は平和構築に貢献できるのか』「国際開発ジャーナル」２０１６年1月号
橋本強司『世界平和を導く物語を描こう』「国際開発ジャーナル」２０１６年10月号
橋本強司『新しい世界秩序と日本の開発協力』「国際開発ジャーナル」２０１７年5月号
英正道『トランプ登場で激変する世界――自立した日本外交と安全保障戦略』アートデイズ、２０１７年
アンソニー・バージェス『時計仕掛けのオレンジ』早川書房、１９７２年
ケネス・Ｅ・ボールディング『二十世紀の意味――偉大なる転換』岩波新書、１９６７年
三島由紀夫『午後の曳航』新潮文庫
ドネラ・Ｈ・メドウズ『成長の限界――ローマ・クラブ人類の危機レポート』ダイヤモンド社、１９７２年
藻谷浩介、ＮＨＫ広島取材班『里山資本主義――日本経済は「安心の原理」で動く』角川ｏｎｅテーマ21、２０１３年
Economic Research Institute, Economic Planning Agency,"Dynamic Interdependence among Asia-Pacific Economies," The Keizai Bunseki, No.129, March 1993

橋本 強司
（はしもと つよし）

1949年　東京生まれ
1972年　東京大学工学部建築学科卒
その後、米国南カリフォルニア大学で修士（環境工学）、コーネル大学でPh.D.（水資源計画、経済、オペレーションズ・リサーチ）取得。国際応用システム分析研究所（IIASA：在オーストリア・ウィーン、研究員）、財団法人国際開発センター（研究員）、日本工営株式会社（企画部副参事、経済部次長、都市・地域開発部次長）を経て、1995年株式会社レックス・インターナショナルを設立、代表取締役。2001－16年学習院大学経済学部非常勤講師。2010年より社団法人海外コンサルティング企業協会理事。2014年より「国際開発ジャーナル」論説委員。30年余りにわたり国際協力事業団及び独立行政法人国際協力機構（JICA）による多数の技術協力案件で、総括責任者を歴任。

専門分野　都市・地域開発、環境、組織・制度、水資源管理、プロジェクト経済他。

著書　『これからの開発コンサルティング』（勁草書房）　1992年
『日本を変える　日本人が変わる』（山手書房新社）　1995年
『21世紀のアジア国際河川開発』（勁草書房、共編著）　1999年
『地域開発プランニング―その考え方・手法・海外事例』
（古今書院）　2000年
『匿名性とブラックボックスの時代』（文芸社）　2006年
『開発調査というしかけ―途上国と開発コンサルタント』（創成社）2008年
『開発援助と正義』（幻冬舎ルネッサンス）　2013年
『大相撲の心技体』（幻冬舎ルネッサンス）　2014年
『俳句的人生―開発コンサルタントが詠んだ118句』
（幻冬舎ルネッサンス）　2017年　他

プロジェクト計画・評価関連の論文（英文）多数
「水資源計画における評価手法」
「費用分担とプロジェクト評価」
「複数インフラプロジェクトの評価手法」
「多目的計画法による水資源配分」　他

経済学部非常勤講師最終講義

日本の進む道

発　行　日：2018年4月20日発行　初版第1刷発行

著　　　者：橋本 強司

発　行　者：末森 満

発　行　所：株式会社 国際開発ジャーナル社
〒102-0083
東京都千代田区麹町3-2-4　麹町 HF ビル9F
TEL 03-3221-5583　FAX 03-3221-5584
URL https://www.idj.co.jp　E-mail mail@idj.co.jp

発　売　所：丸善出版株式会社
〒101-0051
東京都千代田区神田神保町2-17　神田神保町ビル6F
TEL 03-3512-3256　FAX 03-3512-3270
URL https://www.maruzen-publishing.co.jp

デザイン・制作：有限会社 アニー

印刷・製本：株式会社 光邦

ISBN978-4-87539-099-2 C0230